Rosemarie und Hansjörg Bräumer

Scheidung und Wiederheirat

Eine biblisch-seelsorgerliche Studie

CIP-Titelaufnahme der Deutschen Bibliothek
Bräumer, Rosemarie:
Scheidung und Wiederheirat : eine biblisch-seelsorgerliche Studie / Rosemarie u. Hansjörg Bräumer. – Neuhausen-Stuttgart : Hänssler, 1990
(Hänssler-Ratgeber : Psychologie und Seelsorge)
ISBN 3-7751-1571-4
NE: Bräumer, Hansjörg:

hänssler-edition
Reihe: Ratgeber; Psychologie und Seelsorge
Bestell-Nr. 391.571

Titelbild: ZEFA, Düsseldorf
Umschlaggestaltung: Heide Schnorr v. Carolsfeld
Printed in West-Germany

Zum Geleit

Worin erlebe ich die Arbeit von Rosemarie und Hansjörg Bräumer über »Scheidung und Wiederheirat Geschiedener« als hilfreich?

1. enthält die Arbeit eine so bündige Zusammenfassung der wesentlichen Aussagen der Bibel zu Ehe und Ehescheidung, wie ich es bisher noch nicht gelesen hatte.

Außerdem werden wichtige zeit- und kulturgeschichtliche Zusammenhänge zum Thema aufgezeigt.

2. bekennen die Verfasser Farbe: Sie machen deutlich, daß Gottes ursprünglicher Wille die unumstößliche Ehe ist, daß es aber um der Herzenshärtigkeit der Menschen willen Notlösungen gibt, die in sorgfältig geprüften Fällen eine Scheidung oder gar Wiederverheiratung Geschiedener sinnvoll erscheinen lassen.

3. spürt man den Verfassern beim Farbebekennen ab, daß sie ihre Erkenntnisse nicht für unumstößliche Wahrheiten halten, sondern daß sie sich dessen bewußt sind, daß unser aller und damit auch ihr Wissen Stückwerk ist.

Die Unsicherheit beruht letztlich darauf, daß die Bibel selber Fragen zum Thema offenläßt, beispielsweise die Frage, ob das »Nichtgebunden« in 1. Korinther 7,15 lediglich bedeutet, daß der Betreffende *frei* ist *vom* ehemaligen Partner oder auch *frei für* einen neuen.

Demnach: Wer will es – angesichts der großen Not, in der sich so mancher infolge seiner Partnerschaft befindet – den beiden Verfassern verdenken, daß sie sich für die Möglichkeit einer Wiederverheiratung Geschiedener dort aussprechen, wo es ihnen die Bibel nicht untersagt, es ihnen aber die Liebe gebietet.

Jedenfalls habe ich aus meiner eigenen ärztlich-seelsorgerlichen Praxis ein Beispiel vor Augen, wo ich mich genauso wie Rosemarie und Hansjörg Bräumer entschieden habe.

20. Dezember 1989

Dr. Arno Schleyer
Klinik Hohe Mark

Inhalt

Vorwort

»Steht es mit der Sache eines Mannes so, dann ist es nicht geraten, sich zu verheiraten« (Mt 19,10), rufen die Jünger Jesu voll Erschrekken, nachdem sie Zeugen des Gespräches Jesu mit den Pharisäern über Ehe und Ehescheidung waren. Die Jünger wunderten sich, mit welcher Entschlossenheit Jesus von der Unauflöslichkeit der Ehe sprach. Sie waren im besten Fall die große Strenge der Jünger Rabbi Schammais (+ 15 vChr) gewohnt. Die sogenannten Schammaiten, die Radikalsten unter den Gesetzesauslegern zur Zeit Jesu, erlaubten die Scheidung bei unzüchtigem Verhalten der Frau und gestatteten die Wiederheirat. Jesus dagegen spricht von der unbedingten Unauflöslichkeit der Ehe, indem er sagt: »Was Gott zusammengefügt hat, das soll der Mensch nicht scheiden« (Mt 19,6). Wird eine Ehe dennoch durch Unzucht zerstört und geschieden, so begeht der, der eine andere heiratet, Ehebruch und ebenso der, der eine Geschiedene zur Frau nimmt (Mt 19,9). Die Ehe ist ein von Gott selbst besiegelter, unauflöslicher und unwiderruflicher Treuebund. Das erscheint den Jüngern als viel zu beschwerlich und von den Menschen nicht durchhaltbar. Deshalb fragen sie entsetzt: »Ist es nicht besser, überhaupt nicht zu heiraten?« Auf diese Bemerkung der Jünger antwortet Jesus: »Das Wort faßt nicht jedermann, sondern nur die, denen es (= das Verständnis dafür) gegeben ist« (Mt 19,11). Jesus bestätigt den Jüngern, daß es nicht alle begreifen werden, daß die Ehe nach dem Willen des Schöpfers ein fester Stand inmitten aller Ungewißheiten dieser Welt ist. Die Ehe, so sagt Jesus, indem er die aus der Zeit vor dem Sündenfall stammende eheliche Ordnung wiederaufrichtet, ist keine Erfindung des Menschen. Sie ist *Gottes Stiftung*. Martin Luther nennt es eine hohe Kunst, »den Stand der Ehe in seiner höchsten Ehre ansehen zu lernen, nämlich daß er Gottes Stiftung ist und Gottes Wort bei sich hat.«

Stiftung heißt soviel wie Einsetzung und Gabe. Die Ehe ist dem Menschen von Gott zugedacht und gegeben. Beim Eheschluß verbindet Gott zwei Menschen zu einer untrennbaren Einheit.

Stand bedeutet bei Luther nicht etwas Unbewegliches wie Zustand oder Stellung, sondern Festigkeit mit der Kraft höchster Lebendigkeit. Beim Eheschluß legen zwei Menschen vor Gott das Versprechen ab, sich zu lieben und zu ehren in guten und in bösen Tagen, bis der Tod sie scheidet.

Liebe und gegenseitige *Hochschätzung* sind die beiden Werte, die ein Mensch beim Eheschluß verspricht, daß er sie dem andern erweise.

Liebe und Hochschätzung aber gibt es nicht ohne Opfer. Nur der kann seinen Ehepartner auch in Krisen und Konflikten ehren und achten, der darauf verzichtet, immer recht behalten zu wollen und seine Person in den Vordergrund zu spielen. Für die Ehe, die engste Gemeinschaft unter Menschen, gilt im erhöhten Maße, was Paulus von der Liebe unter den Christen schreibt: »Seid eines Sinnes, indem ihr die gleiche Liebe hegt und einmütig dem gleichen Ziel zustrebt und nichts aus Rechthaberei oder eitlem Ehrgeiz tut, sondern in Demut achte einer den andern höher als sich selbst« (Phil 2,2.3).

Das Urbild der Zusammengehörigkeit von Liebe und Opfer ist die Liebe Jesu. Den Ehemännern schreibt Paulus: »Ihr Männer, liebet eure Frauen, wie auch Christus die Gemeinde geliebt und sich für sie dahingegeben hat« (Eph 5,25). Die Liebe, die bereit ist, sich für den andern zu opfern, ist die ausschließliche Liebe. Der Liebende kennt nur die *eine* Geliebte. Die Liebende ist ganz auf den *einen* aus. Liebe will den Geliebten ganz, und sie will ihn allein und bis an das Ende des Lebens. Eine Liebe auf Zeit widerspricht dem Wesen der Liebe.

Liebe, wie sie im Hohenlied der Liebe besungen wird, kann in ihrer Tiefe nur von Ehegatten erlebt werden, die ihre Ehe als ein Geschenk des Schöpfers, das ein ganzes Leben dauert, empfangen. Im Hohenlied der Liebe heißt es:

> »Du hast mir das Herz genommen...
> Wie schön ist deine Liebe...
> Lege mich an dein Herz wie einen Siegelring,
> wie einen Siegelring an deinen Arm!
> Denn stark wie der Tod ist die Liebe,
> ihre Leidenschaft hart wie die Unterwelt;
> ihre Gluten sind Feuergluten,
> ihre Flammen wie Flammen Gottes.
> Die mächtigsten Fluten
> vermögen die Liebe nicht auszulöschen und Ströme sie nicht fortzuschwemmen;
> biete einer auch alles Gut seines Hauses für Liebe,
> man würde seiner nur spotten.«
> Hoheslied 4,9.10; 8,6.7

Neben der ausschließlichen Liebe, die nur den *einen* will und diesen ganz und für immer, gibt es den Trieb nach Abwechslung. Dieser Trieb stammt nicht aus der ursprünglichen Kraft der Liebe. Er meldet immer da seine Bedürfnisse an, wo die Liebe schwach geworden ist. Der Trieb zur Abwechslung entfaltet seine Macht, wenn die Bereitschaft erlischt, sich in Liebe für den andern zu opfern, und wenn ein Mensch aufhört, den andern höher zu achten als sich selbst. Diese Situation tritt in einer Ehe schneller und leichter ein als im Verhältnis zu einem Nachbarn, einem Kollegen oder einem Freund. »So können Mann und Frau mit andern Menschen stets besser ohne Streit bleiben als untereinander, denn es kann bisweilen einer ein unpassendes Wort sagen, das dem andern einen Stich ins Herz gibt. Der Grund ist der, daß es dem Satan nicht gefällt, wenn Friede und Einigkeit unter ihnen herrscht. Wenn sie nun also uneins sind, was für eine Freude und Lust bleibt dann noch?« (M. Luther).

Wie kurz der Weg vom Zerfall der Liebe bis zur Scheidung ist, beschreibt Luther unverblümt und realistisch: Die Liebe zu bewahren, »steht *nicht* in deiner Hand. Du hast einen starken Feind, welcher heißt: der Teufel, der von Herzen gern sieht, daß man im Haus knurrt und murrt, Stühle, Bänke und Tische umwirft, mit der Frau die Stube kehrt oder ihr eine Ohrfeige gibt... Das wollte er gerne haben, daß kein Mann bei seiner Frau bliebe und daß keine Frau ihren Mann liebhätte.« Wenn Luther sagt: Es steht nicht in der Hand des Menschen, die Liebe zu bewahren, dann heißt das: Ein Mensch kann aus eigener Kraft die ausschließliche Liebe zu seinem Ehegatten nicht aufbringen. Er braucht dazu die Hilfe Gottes. Deshalb antworten die Brautleute auf die Frage: »Willst du deinen Ehepartner lieben und ehren, bis der Tod euch scheidet?« mit den Worten: »Ja, mit Gottes Hilfe.«

In der bereits mehrfach angeführten Hochzeitspredigt Martin Luthers aus dem Jahr 1531 ermahnt Martin Luther die Brautleute zur ausschließlichen Liebe und weist gleichzeitig auf die Quelle hin, aus der diese Liebe lebt: »Darum sehe ein jeder zu, daß er bei seinem Ehepartner bleibt, den Gott ihm gegeben hat, und daß ihm ein anderer nicht besser gefällt. Das wird dir aber nicht gelingen als allein durch Gottes Wort und wenn du es allein vor Augen hast und dich stets darin erkennst wie in einem Spiegel.«

Ohne die tägliche Fürbitte für den Ehepartner und die immer erneute Bitte um Gottes Hilfe zu einer glücklichen Ehe beginnt die Liebe zu zerbröckeln. Wenn die Liebe verlöscht, ist die Ehe vom Zerbrechen bedroht. Wer in einer solchen Situation in das Wort Gottes blickt wie in einen Spiegel, stößt auf die Worte: Was Gott zusammengefügt hat, das soll der Mensch nicht scheiden... Wer sich aber scheidet und eine andere heiratet, aber auch der, der eine Geschiedene zur Frau nimmt, begeht Ehebruch (vgl. Mt 19,6.9). Angesichts dieser Worte dürfte es überhaupt kein christliches Buch über Scheidung und Wiederheirat Geschiedener geben. Wenn wir beide uns dennoch entschieden haben, eine Schrift zu diesem Thema zu veröffentlichen, so hat dies seinen

Grund darin, daß wir viele Paare begleitet haben, deren Ehe zerbrach und die vor der Frage standen: »Darf ich denn nie wieder heiraten?«

Die gemeinsame Arbeit an dem vorliegenden Buch zog sich über Jahre hin. Manche Entwürfe wurden zerrissen, um das Niedergeschriebene neu an den Aussagen des Alten und Neuen Testamentes zu messen. So steht jedem Kapitel die Auslegung eines Bibeltextes voran. Jeder weiterführende Gedanke, jede eigene Erkenntnis und jeder vorsichtige Rat sollen der Heiligen Schrift untergeordnet sein.

Das für uns beide Besondere bei der Arbeit über das Thema »Scheidung und Wiederheirat Geschiedener« war, daß wir gerade auf diesem Hintergrund die Größe und Würde der Ehe erkannten.

Mit unseren inzwischen selbst verheirateten Kindern Erika und Carsten, Anke und Bernd haben wir die Gedanken des vorliegenden Buches durchgesprochen und einzelne Abschnitte mit ihnen formuliert.

Wir widmen die Schrift über »Scheidung und Wiederheirat Geschiedener« denen, die sich in ihrer Not uns anvertrauten und die wir in der Eheseelsorge begleiten konnten.

Wir erbitten für jeden, der in Ehenot zu dieser kleinen Arbeit greift, Gottes Weisung und Hilfe.

Lausa, im August 1989 Rosemarie und Hansjörg Bräumer

Einführung

Scheidung und Wiederheirat Geschiedener sind zwei Sonderthemen der Ethik schlechthin. Ethik ist »die Wissenschaft, die sich mit dem menschlichen Handeln und dessen Beurteilung befaßt« (F. Bloemhof). Die Inhalte der Ethik im allgemeinen sind das Verhalten des Menschen zu sich selbst, zum Mitmenschen, zur Gemeinschaft und zur Welt. Dabei werden in den unterschiedlichen ethischen Entwürfen jeweils besondere Schwerpunkte gesetzt, zum Beispiel Sinnfindung, Selbstverwirklichung, Mitmenschlichkeit, soziale Gerechtigkeit, Barmherzigkeit gegenüber Schwachen, Kranken und Behinderten, Ehrfurcht vor dem Leben, Treue zur Erde, Erhaltung der Umwelt u.a.m. Keines der genannten Themen ist in der biblischen Ethik ausgeklammert. Die biblische Ethik behandelt dieselben Inhalte wie die sogenannte allgemeine oder philosophische Ethik, und doch gibt es einen großen Unterschied zwischen der allgemeinen und der biblischen Ethik.

Der Maßstab für die Beurteilung des menschlichen Handelns ist in der allgemeinen Ethik *der Mensch* als Person in *seiner Situation* und in *seiner Welt.*

Der Maßstab in der biblischen Ethik sind *die von Gott erlassenen heiligen Gebote innerhalb der Geschichte, die Gott mit seinem Geschöpf Mensch in der von ihm geschaffenen Welt hat.*

Das »Urgestein« biblischer Ethik sind die Gebote Gottes. Sie umfassen das ganze Leben. Sie sind nicht nur unbedingt, sondern auch total. Sie verbieten und befehlen nicht nur, sondern sie erlauben auch. Sie binden nicht nur, sondern sie geben auch frei, indem sie binden. »Das Gebot Gottes ist die totale und konkrete Beanspruchung des Menschen durch den barmherzigen und heiligen Gott in Jesus Christus« (D. Bonhoeffer).

Das aller biblischen Ethik Vorausgeschickte (= Prämisse) ist die Verantwortung, die Gott damit für den Menschen übernommen hat, daß er den Menschen durch sein Gebot zur Verantwortung zieht, das heißt, Gott fragt den Menschen einmal nicht nur nach seinem Glauben, sondern auch nach dem Tun des Willens Gottes (vgl. Mt 25,31ff). Glaube und Tun gehören unlöslich zusammen. Menschen, die nach dem Willen Gottes fragen, haben zu allen Zeiten mit wechselnden Schwerpunkten einen Zweifrontenkampf zu führen.

Sie ringen, wie es Martin Luther formulierte, darum, daß sie weder »eitel glaubenlose Werkeler« werden noch »werklose Gläubige«.

Glaube und Tun schließen sich nicht aus, sondern bilden eine untrennbare Einheit. Der Inhalt des Glaubens und das Tun des Willens Gottes sind nur aus der Heiligen Schrift als Ganzes zu erkennen. Einzelne Gottesworte, herausgelöst aus der Einheit des Alten und Neuen Testamentes, führen zu der Schrift widersprechenden Sonder- bzw. Irrlehren. Der Lebensstil eines Menschen, der sich vor Gott verantwortlich weiß, gründet sich nicht auf einzelne der Schrift entnommene Worte, sondern immer auf die Gottesworte in ihrem Gesamtzusammenhang.

Die Bibel ist kein Handbuch ethischer Grundsätze. Alle Gebote Gottes sind in das Heilshandeln Gottes eingezeichnet, das das gesamte Alte und Neue Testament durchzieht. Jedes Gebot Gottes hat seinen besonderen geschichtlichen Ort. Das heißt aber keineswegs, daß die Gebote Gottes bei veränderten Situationen ungültig werden bzw. aufgelöst sind. Jedes von Gott erlassene Gebot behält seine Bedeutung und sein Gewicht. Die heiligen Gebote Gottes sind nicht vom Menschen je nach seiner Situation und seinem Weltverständnis abwandelbar (= Situationsethik). Die Vielfalt der Gebote und Ordnungen Gottes sind eingebettet in die Geschichte, die Gott mit seinem Menschen innerhalb der von ihm geschaffenen Welt hat (= heilsgeschichtliche Ethik).

Die aus dem Alten und Neuen Testament ablesbare Geschichte des Heilshandelns Gottes hat drei Epochen. Die Dreiteilung der Heilsgeschichte geht auf Jesus selbst zurück.

Als die Pharisäer Jesus dazu herausfordern, zur Frage der Ehescheidung Stellung zu nehmen, verweist Jesus seine Gesprächspartner zuerst auf die Ordnung des Schöpfers. Er spricht von dem, wie es der Schöpfer von Anfang an ordnete und bestimmte! Dann geht Jesus auf die Gebote ein, die nur um der Hartherzigkeit der Menschen willen erlassen wurden. Schließlich spricht er mit den bekannten Worten »Ich aber sage euch« vom Anbruch der neuen Zeit im Zeichen seines Erlösungsweges (vgl. Mt 19,8.9).

Für jede dieser Epochen erläßt Gott besondere Gebote, um es seinen Menschen zu ermöglichen, vor ihm zu leben.

I. Die Ordnung des Schöpfers

Die Ordnung des Schöpfers

Gott schuf den Menschen als Mann und als Frau (1. Mose 1,26-28). Der Mensch als geschlechtliches Wesen lebt ohne Sünde in einem von Gott umgrenzten und geschützten Raum.

Gott stiftet und ordnet für die beiden von ihm geschaffenen Menschen die Einehe (1. Mose 2,24).

II. Die Notordnungen des Erhalters

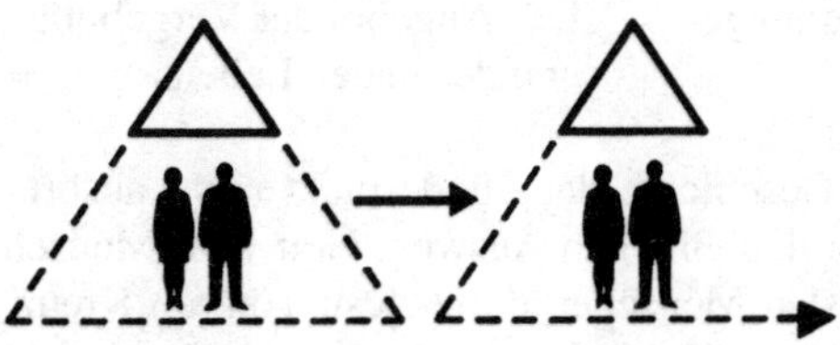

Die Ordnung des Schöpfers | Die Notordnungen

Der von Gott geschaffene Mensch lehnte sich gegen Gott auf. Er brachte sich in Widerspruch zu Gott. Auflehnung und Widerspruch führten zum Fall des Menschen. In seiner Überheblichkeit setzte sich der Mensch seine Maßstäbe selbst. Diese waren nicht mehr ausgerichtet am ursprünglichen Willen des Schöpfers, sondern sie waren geprägt und gezeichnet von der Sünde. Gott aber hat den Menschen nicht wieder in nichts aufgelöst. Er erläßt vielmehr Gebote und Verordnungen, mit Hilfe derer der Mensch in der von ihm gewählten Geschichte der Gottferne weiterleben kann. Gott erhält den Menschen trotz seiner Verdorbenheit. Die fortgesetzte Hartherzigkeit der Menschen ist der Anlaß dafür, daß Gott Ordnungen erläßt, die es von Anfang der Schöpfung her nicht gab. Zu den in alttestamentlicher Zeit entstandenen Notordnungen gehören die Ehe mit mehreren Frauen (die Polygynie), die alttestamentliche Besonderheit der Schwagerehe (das Levirat) und die mit Hilfe eines Scheidebriefes geordnete Ehescheidung.

III. Das Angebot der Vergebung und des neuen Lebens

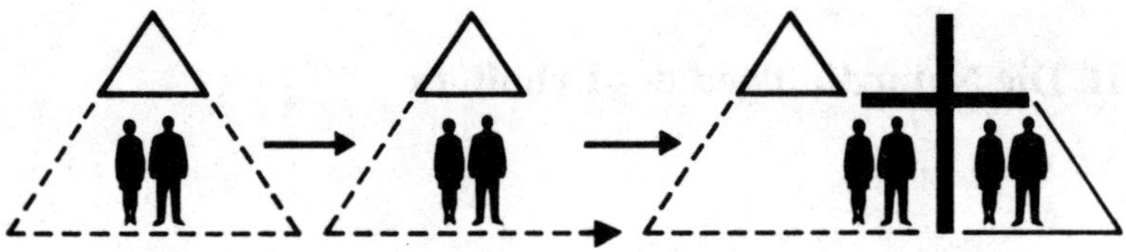

Die Ordnung des Schöpfers — Die Notordnungen — Das Angebot der Vergebung und des neuen Lebens

Da der Mensch aus der Geschichte der Sünde nicht mehr ausbrechen kann, ebnet Gott selbst den einzigen Ausweg. Gott wird Mensch in Jesus Christus. Er erlöst den Menschen durch Jesu Tod am Kreuz. Gott kauft den Menschen frei aus der Sklaverei der Sünde. Damit gibt Gott in Jesus Christus dem Menschen die Möglichkeit, aus dem Irrgarten der Geschichte der Sünde herauszufinden. Der Mensch kann ein Nachfolger Jesu werden. Nachfolger Jesu ist der Mensch, der das in Jesus Christus verwirklichte rechte Handeln durch sein Handeln bestätigt. Der Inhalt der Ethik nach Jesu Kommen ist »Gottes Wort und Werk in Jesus Christus, in welchem das rechte Handeln des Menschen schon geschehen ist und also nur noch auf seine Bestätigung durch unser Handeln wartet« (K. Barth).

Als Jesus in seinem Gespräch mit den Pharisäern von den drei Epochen der Heilsgeschichte Gottes spricht, erklärt er die in den vorausgehenden Epochen erlassenen Gebote nicht einfach für ungültig und überholt. *Jesus sagt:*

Die Ordnungen des Schöpfers stehen nach wie vor in voller Geltung.

Die Notordnungen wurden nur aufgrund der Herzenshärte der Menschen erlassen.

Durch mein Kommen in diese Welt beginnt eine neue Epoche in der Geschichte Gottes mit seinen Menschen (vgl. Mt 19,8.9).

Im Blick auf die einmal von Gott in den vorausgegangenen Epochen erlassenen Gebote spricht Jesus die programmatischen Worte: »Denkt nicht, daß ich gekommen sei, das Gesetz oder die Propheten aufzuheben! Ich bin nicht gekommen aufzulösen, sondern zur Erfüllung zu bringen. Bis Himmel und Erde vergehen, wird vom Gesetz nicht der kleinste Buchstabe und kein Strichlein aufgehoben werden, bis alles in Erfüllung gegangen ist« (Mt 5,17.18 nach Menge).

Jesus bringt das Gesetz zur Erfüllung, das heißt: »Er wird es durch die Tat erfüllen, es verwirklichen und ausführen.« Er wird es »mit Vollmacht in seiner wahren Bedeutung herausstellen und durch rechte Auslegung zur Vollendung bringen« (W. Schrage). Solange der Mensch in dieser Welt und dieser Zeit lebt, haben alle Gebote Gottes in der Weise, wie Jesus sie erfüllt und ausgelegt hat, uneingeschränkte Verbindlichkeit für den Menschen.

A. Der Wille des Schöpfers

Die Verläßlichkeit und Dauer einer einmal geschlossenen Ehe wurden zur Zeit Jesu hart diskutiert. Nicht nur die Praxis, sondern auch die Lehrmeinungen der Ausleger des Alten Testamentes gingen weit auseinander. Eine Gruppe von Pharisäern stellte Jesus die Frage: »Darf man sich denn aus jedem beliebigen Grund von seiner Frau scheiden lassen?« (Mt 19,3). Die Pharisäer waren entschlossen, das Gesetz möglichst genau zu befolgen. Im Blick aber auf die Ausführbarkeit des Gesetzes galt für sie der Grundsatz: »Das Gesetz darf nicht so schwer werden, daß es nur wenige halten können« (A. Schlatter). So versuchten die Pharisäer immer wieder, den Geboten Gottes ihre Schärfe zu nehmen, und fanden nahezu für jede Situation einen Ausweg, und dennoch waren sie überzeugt, das Gesetz Gottes zu erfüllen. Die Frage der Pharisäer nach den Scheidungsgründen umfaßt, wie der zeitgeschichtliche Hintergrund zeigt, unausgesprochen auch die Frage nach der Wiederheirat Geschiedener. Herodes Antipas (4 v.–39 n. Chr.), der Herrscher über Galiläa und Peräa, der Landesherr Jesu, war mit einer Tochter des Nabatäerkönigs Aretas IV. verheiratet. Um das Jahr 27 n. Chr. verstieß Herodes Antipas nach langjähriger Ehe die Tochter des nabatäischen Königs, um Herodias, die Frau seines Halbbruders, zu heiraten. Diese Doppelscheidung und die eheliche Verbindung der beiden Geschiedenen wurden von Johannes dem Täufer scharf verurteilt. Johannes trat Herodes Antipas mit den Worten entgegen: »Es ist dir nicht erlaubt, sie zu haben« (Mt 14,4). Herodes Antipas ließ den Täufer auf der Burg Machärus einkerkern und hinrichten. Die Frage der Pharisäer nach der Ehescheidung und der Heirat Geschiedener war eine Falle! Die Gesprächspartner Jesu rechneten mit einer Aussage, die Jesus zum Fallstrick werden könnte. Erklärt Jesus das Verhalten seines Königs für erlaubt, dann bringt er sich in Gegensatz zu den Aussagen des Alten Testamentes über die Einehe und die damit verbundene Unauflöslichkeit der Ehe. Verurteilt auch er wie der Täufer das Handeln des Königs Herodes Antipas, so wird er dasselbe Schicksal wie der Täufer erleiden. Die Pharisäer beabsichtigten durch ihre Frage, Jesus dazu zu zwingen, eine unbedachte Äußerung zu tun, die ihn den Kopf kosten sollte.

Jesus durchschaut die Absicht der Phariäser. Er beantwortet die Frage »Was ist erlaubt?« mit einer Erklärung des Willens Gottes. »Jesus fragt nach Gottes Willen, die andern nach dem, was ihnen zukommt« (E. Schweizer). Indem Jesus den Blick nicht auf das Erlaubte, sondern auf das Gebotene richtet, macht er den Pharisäern deutlich, worauf er hinaus will. Jesus kommt es allein darauf an, daß der Wille des Schöpfers zur Geltung kommt.

I. Gott schuf den Menschen als Mann und als Frau

> Da schuf Gott den Menschen nach seinem Bilde, nach dem Bilde Gottes schuf er ihn; als Mann und als Frau schuf er sie.
> 1. Mose 1,27; vgl. Matthäus 19,4

Die Schaffung beider Geschlechter wird im Schöpfungsbericht nur beim Menschen besonders herausgehoben. Beide Geschlechter, Mann und Frau, sind direkt von Gott geschaffen. Die Zweigeschlechtlichkeit gehört unmittelbar zur Erschaffung des Menschen. Auch die Mehrzahl, »er schuf *sie*«, zeigt, daß die Geschlechtsunterschiede schöpfungsgemäß sind. Von Adam wird nicht gesagt, daß er zu irgendeinem Zeitpunkt in sich zwei Geschlechter vereinigt hätte. Im Gegenteil, Gott schuf die Frau als das Gegenüber, das zum Manne paßt (vgl. die Zürcher Übersetzung zur Stelle). »Die Zweigeschlechtlichkeit ist Gottes Setzung« (E. Schweizer). Der Mann sucht die Geschlechtsgemeinschaft mit der Frau (1. Mose 1,27) und umgekehrt die Frau mit dem Mann (Jer 29,6). Die von Gott gesetzte Geschlechtsdifferenzierung ist eine »urständliche Ordnung« (H. Thielicke).

Das Bild Gottes in der Welt ist die zweigeschlechtliche Menschheit (1. Mose 1,27). »Es gibt kein menschliches Humanum, das abgesehen von dieser Differenzierung aussagbar wäre« (H. Thielicke).

Der Mensch war von Anfang an geschaffen als ein »geschlechtliches Paar« (C. F. Keil). Von Anfang an hat Gott den Menschen »als ein geschlechtliches Wesen gewollt« (W. Grundmann). Gott schuf den Menschen als Mann und als Frau, das heißt männlich und weiblich (1. Mose 1,27).[1] Es ist die Folge der Gottebenbildlichkeit, daß der Mensch als Mann und als Frau erschaffen wurde. Angesichts der Gottebenbildlichkeit sind Mann und Frau ohne jede Einschränkung gleichwertig einander zugeordnet. »Hier geht es um das Gegenüber von zwei Wesen, die zur Gemeinschaft bestimmt sind und nur in ihrer Gemeinsamkeit überhaupt als voll genommen werden können« (H. Baltensweiler).

1 Zur Entstehung und Beurteilung der Gedankenspielerei (= Spekulation), der Mensch habe am Anfang der Schöpfung beide Geschlechter in sich vereinigt, vgl. Exkurs I: Die Spekulation über ein ursprüngliches Zwitterdasein des Menschen.

II. Gott stiftet und ordnet die Ehe als Einehe

> Die Rippe aber, die Gott aus dem Menschen genommen hatte, gestaltete er zu einer Frau und führte diese dem Menschen zu. Da rief der Mensch aus: »Diese endlich ist es: Gebein von meinem Gebein und Fleisch von meinem Fleisch! Diese soll Männin (hebräisch: 'ischschah) heißen; denn vom Manne (hebräisch: 'isch) ist sie genommen.« Darum wird ein Mann seinen Vater und seine Mutter verlassen und an seiner Frau hängen, und *sie* werden ein Fleisch sein. 1. Mose 2,22-24

> Darum wird ein Mann seinen Vater und seine Mutter verlassen und an seiner Frau hängen, und *die zwei* werden ein Fleisch sein. Matthäus 19,5

Gott schuf den Menschen als Mann und als Frau. Der Vorgang der Schöpfung im einzelnen wird wie folgt beschrieben[1]: Der Mann war zunächst im Paradiesgarten allein (1.Mose 2,15-17).

Um die Einsamkeit des Mannes zu beenden, schafft Gott ihm eine »Hilfe«. Das in der Ursprache stehende Wort heißt nicht »Gehilfin«, sondern »das dem Manne fehlende Seitenstück«. Aus der Seite (Rippe) des Mannes geschaffen, ist die Frau das Gegenüber des Mannes. Die Frau ist dem Mann wesensverwandt, sie ist sozusagen ein Stück des Mannes. Über die Schöpfung der Frau aus der Seite des Mannes heißt es in der jüdischen Schriftauslegung:

> »Gott hat die Frau nicht aus des Mannes Kopf geschaffen,
> daß er ihr befehle,
> noch aus seinen Füßen,
> daß sie seine Sklavin sei,
> vielmehr aus seiner Seite,
> daß sie seinem Herzen nahe sei.« (Talmud)

Die Schöpfung der Frau aus der Seite des Mannes bedeutet für alle Zeiten, »daß sie ihm und er ihr Bestätigung gewähre auf dem harten Weg, Heimat und Geborgenheit inmitten der Aufgaben und Fehlschläge« (G. Koch). Nach der Schöpfung der Frau führt Gott selbst die Frau dem Manne zu. Gott handelt wie ein Brautführer. Er selbst bringt die Frau zum Mann. Der Mann erkennt die Frau und besingt sie mit einem Lied: »Diese endlich ist es: Gebein von meinem Gebein und Fleisch von meinem Fleisch!« Auch wenn der Mann die Frau als das ihm fehlende Seitenstück anerkennt, so bleibt es doch Gott, der sie zusammen-

1 Zur Einheit des Schöpfungsberichtes vgl. Bräumer, Das erste Buch Mose, Kapitel 1–11.

führt. Dieser Teil der Schöpfungsgeschichte beschreibt, wie Gott die erste Ehe stiftete. Wie aber alle Schöpfung nicht auf die Urzeit beschränkt ist, so ist auch die Stiftung der Ehe nicht nur ein Werk Gottes im Paradies. Das biblische Verständnis der Schöpfung rechnet mit der Gegenwart des Schöpfers und dem Nimmeraufhören der Schöpfung.

In dem Choral von Hrabanus Maurus, verdeutscht von Martin Luther, heißt es:

»Komm, Gott Schöpfer, Heiliger Geist,
besuch das Herz der Menschen dein,
mit Gnaden sie füll, wie du weißt,
daß's dein Geschöpf vorhin sein.«

Der Heilige Geist ist die schöpferische, erneuernde und belebende Kraft Gottes bis an das Ende der Zeit.

Im Blick auf die Ehe bedeutet dies: Jede Ehe hat ihren Ursprung in Gottes Schöpfer- und Stifterwillen. Die Ehe ist ein Geschenk des Schöpfers. Die Ehe ist »nicht nur eine menschliche, willkürliche Verbindung, sondern ein Ergebnis des göttlichen Wirkens« (H. Baltensweiler). Nach der rabbinischen Anschauung bleibt es das vornehmste Schöpfungswerk Gottes, jede einzelne Ehe zu stiften. So wird berichtet, eine Frau habe einmal den Rabbi Jose ben Chalafta (2. Jh. n. Chr.), ein Schüler Rabbi Akibas, gefragt, in wieviel Tagen Gott die Welt erschaffen habe. Auf seine Antwort hin: »In 6 Tagen« habe sie weiter gefragt: »Und was tut er seitdem?« Darauf habe der Rabbi Jose geantwortet: »Er bringt Ehepaare zusammen: die Tochter von dem und dem soll dem und dem... gehören.« Gott stiftete nicht nur die Ehe als solche, sondern er stiftet bis zum heutigen Tage jede einzelne Ehe.

Menschliche Ehen gibt es, lange bevor sich andere Gliederungen der menschlichen Gemeinschaft ausgebildet haben. Die Ehe gründet in der Urbeziehung der Geschlechter zueinander. »Sie gehört zum unmittelbaren Schöpfungsbestand« und ist insofern eine »Schöpfungsordnung« (H. Thielicke).

Gott der Schöpfer stiftet nicht nur die Ehe, sondern er legt auch die Ordnungen für die Ehe fest. Die drei vom Schöpfer verfügten Grundordnungen der Ehe lauten:

Ein Mann wird seinen Vater und seine Mutter verlassen.
Er wird an seiner Frau hängen.
Die zwei werden ein Fleisch sein.
1. Mose 2,24; vgl. Mt 19,5

1. Der Mann verläßt Vater und Mutter

Die Aufgabe des Mannes ist es, einen eigenen Hausstand innerhalb seiner Sippe zu gründen. Er trennt sich von seinen Eltern, er zieht für sich apart, er bezieht ein anderes Haus, er sorgt für getrennte Haushaltungen, er gründet mit Beginn seiner Ehe einen eigenen Hausstand.

Voraussetzung dafür ist, daß sich der Mann von seinem Elternhaus, speziell von seiner Mutter, trennt. Daß die Lösung vom Elternhaus in gleicher Weise auch für die Frau gilt, muß im Alten Testament nicht ausdrücklich betont werden. Die Frau wird, wenn sie heiratet, eingegliedert in die Sippe des Mannes. Innerhalb der Sippe aber bildet das vermählte Paar eine eigene Einheit. Mann und Frau gehören enger zusammen als Eltern und Kinder. Durch die Gemeinschaft von Mann und Frau wird sogar die engste Bindung zwischen Eltern und Kind gesprengt. Wenn ein Partner sich nicht von seinen Eltern trennt, hat dies zerstörende Auswirkungen auf die Ehe. Es sind weit mehr Ehen, die aufgrund einer nicht gelösten Elternhausbindung scheitern und zerbrechen als infolge von Partnerkonflikten. Der Wortlaut des Schöpfungsgebotes: »Ein Mann verläßt Vater und Mutter« hat bis heute besonderes Gewicht. In vielen Fällen ist es gerade die nicht gelöste Mutterbindung des Mannes, die das Zusammenwachsen mit seiner Frau erschwert oder sogar verhindert. Gott hat den Menschen so geschaffen, daß die ganzheitliche Lebensgemeinschaft der Ehepartner so stark ist, daß selbst die Bindung an das Elternhaus dadurch aufhört.

2. Der Mann hängt seiner Frau an

Die ausdrückliche Betonung: Der Mann »hängt seiner Frau an«[1] ist ein erster Hinweis auf die Einehe. Es ist nicht von mehreren Frauen die Rede, sondern von einer einzigen. Die Einehe entspricht der Schöpfungstat Gottes. Jedes Liebäugeln eines Ehepartners mit einem dritten wirkt deshalb ehezerstörend. Die Formulierung »Der Mann hängt seiner Frau an« heißt soviel wie, er bindet sich an seine Frau. Dies gilt unausgesprochen in gleicher Weise auch für die Frau. »In der

1 Das Wort »anhangen« (hebräisch: dabaq) heißt: »anhaften, ankleben, sich anschmiegen, festhalten an, sich halten zu«. Das zu dem Zeitwort gehörende Hauptwort kann auch mit »Lötung« (vgl. Jes 41,7) wiedergegeben werden. Wie es nur das Festgeleimtwerden an *einen* Gott gibt (5. Mose 4,4), so gibt es für den Menschen nur das Angeleimtwerden an *eine* Frau. In der griechischen Übersetzung des alttestamentlichen Wortes (vgl. Mt 19,5) steht ein Zeitwort, das in seiner Grundform soviel bedeutet wie: »zusammenleimen, verbinden, haften an« (griechisch: kollasthai). Das Angeleimtwerden an einen Menschen geschieht überall da, wo zwei Menschen ein Fleisch werden. Dies gilt auch für den Gang zur Dirne. Paulus wählt in 1. Korinther 6,16 gewiß nicht zufällig das Wort »anleimen«.

Ehe hat Gott zwei bestimmte Menschen zueinandergeführt, und zwar in einer Ausschließlichkeit des Sich-Gehörens, die die Ansprüche Dritter rigoros verwehrt« (M. Seitz).

3. Mann und Frau werden ein Fleisch sein

Die Zusammenführung zweier Menschen durch Gott den Schöpfer wird konkret in der leiblich-geschlechtlichen Verbindung von Mann und Frau. Die zwei werden durch ihre körperliche Verbindung eine untrennbare Gemeinschaft. »Das Einswerden der Geschlechter ist biblisch als Gottes Wille, nicht etwa als Folge der Sünde gesehen« (E. Schweizer). Jede Unterschätzung der leiblich-geschlechtlichen Einheit wirkt sich in der Ehe als gefährlicher Unruheherd aus.

Das Ein-Fleisch-Werden bedeutet aber mehr als nur körperlich-geschlechtliche Vereinigung. Das Ein-Fleisch-Werden ist die neue Ganzheit des Menschen in der Ehe. »Die Ehe baut sich von der körperlichen Vereinigung her auf, sie erschöpft sich aber nicht darin« (H. Baltensweiler). Das Ein-Fleisch-Sein bezeichnet »die Vereinigung je ihres totalen Seins zu totaler und unauflöslicher Gemeinsamkeit« (K. Barth). Eine Überbewertung des Leiblich-Geschlechtlichen in der Ehe endet in der Regel in der Lösung des Geschlechtlichen aus seinen geistig-persönlichen Zusammenhängen. Der Partner wird bei der Isolierung der Sexualität nur noch als Sexualobjekt betrachtet und gebraucht. Alle anderen sittlichen Entscheidungen, die den ganzen Menschen nach Leib, Seele und Geist betreffen, werden vernachlässigt. Die Ganzheit, die das Ein-Fleisch-Werden umschließt, zerbricht. Die unauflösliche Gemeinsamkeit der beiden Ehepartner ist nur da von Dauer, wo das Leiblich-Geschlechtliche weder unter- noch überschätzt wird.

Dem Einswerden der Geschlechter verheißt Gott den Segen der Erzeugung neuen Lebens. »Gott segnete sie mit den Worten: ›Seid fruchtbar und mehret euch und füllet die Erde‹« (1. Mose 1,28).

Es ist die Bestimmung des Menschen als Mann und Frau, die Erde zu füllen. »Die Ehe ist Gottes Stiftung, durch die er die Menschen bis ans Ende der Tage erhalten will. – In der Liebe sehen sich die Liebenden nur alleine auf der Welt. In der Ehe sind die Eheleute ein Glied in der Kette der Geschlechter, die Gott zu seiner Ehre kommen und vergehen läßt und zu seinem Reich ruft.

Der Segen ist die Verheißung der Nachkommenschaft. Gott läßt den Menschen teilnehmen an seinem immerwährenden Schaffen, und doch bleibt es Gott selbst, der die Ehe mit Kindern segnet. ›Kinder sind eine Gabe Gottes‹ (Ps 127,3). Eltern empfangen ihre Kinder von Gott und sollen sie wieder zu Gott führen« (D. Bonhoeffer).

Die Ehe hat eine natürliche Beziehung zur Nachkommenschaft.

»Wer die Annahme dieses Segens prinzipiell und eigensüchtig verweigert, handelt deshalb schöpfungswidrig und wird schuldig an der Ehe« (W. Lohff). Gleichzeitig gilt: Auch die Ehe, in der den Ehepartnern Kinder versagt sind, ist eine Ehe im Vollsinn des Wortes. Die personale, das Leiblich-Geschlechtliche einbeziehende Gemeinschaft hat ihr Eigengewicht. Das Ein-Fleisch-Werden ist nicht ausschließlich an den Zweck der Kinderzeugung gebunden. Wäre die Erzeugung von Kindern der einzige Zweck der leiblich-geschlechtlichen Gemeinschaft, könnte jede Ehe schon aufgrund der Kinderlosigkeit aufgelöst werden. Das Ein-Fleisch-Werden hat einen Eigenwert. Es ist der Höhepunkt des natürlichen Liebeserlebnisses der Ehe. Die beiden Ehepartner »wissen sich in der Ganzheit ihres Geschlechtes füreinander bestimmt und sind nicht nur eine Vorstufe der Familie« (M. Seitz).

Die Ehe, die zwei Menschen eingehen, ist nach Gottes Stiftung und Ordnung die Einehe. Jesus sagt, indem er sich auf die Ordnung des Schöpfers beruft: »*Die zwei* werden ein Fleisch sein« (Mt 19,5).

Im hebräischen Text der Schöpfungsgeschichte fehlen die beiden Worte *»die zwei«*. Doch schon in der Übersetzung des Alten Testamentes ins Griechische, in der sogenannten Übersetzung der Siebzig (Septuaginta), heißt es: *»die zwei* (griechisch: hoi dyoi) werden ein Fleisch sein.« Es ist möglich, daß der in der ersten Hälfte des 3. Jahrhunderts vor Christus entstandenen Übersetzung des Alten Testamentes ältere Handschriften zugrunde lagen als unserer heutigen hebräischen Textausgabe. Jesus hat die Worte *»die zwei«* aufgenommen und damit die Einehe als Schöpfungsordnung bestimmt. Die Ehe ist die Gemeinschaft von nur zwei Menschen (griechisch: hoi dyoi), die Gemeinschaft des *einen* Mannes mit der *einen* Frau. Damit ist für Jesus die einzige von Gott dem Schöpfer gewollte Form der Ehe die Einehe. Die monogame Eheform erhält dadurch besonderes Gewicht, daß sie in den Worten des Schöpfers von der Stiftung und Ordnung der Ehe als selbstverständlich vorausgesetzt ist.

III. Gott fügt die Ehepaare zusammen

> Der Herr ist Zeuge gewesen (bei dem Bunde) zwischen dir und der Frau deiner Jugend, der du die Treue gebrochen hast, obschon sie deine Lebensgefährtin und durch feierlichen Bundesschluß eine Frau deines Glaubens war.
>
> Maleachi 2,14 (nach Menge)

> Was Gott zusammengefügt hat, das soll der Mensch nicht scheiden. Matthäus 19,6

Die Ehe ist nicht einfach eine private Übereinkunft zweier Menschen. Sie ist nicht ein glücklicher oder unglücklicher Zufall. Die Ehe ist ein unwiderruflicher Treuebund.

Da jede Ehe ihre Wurzeln in der göttlichen Stiftung hat, bedeutet sie nicht nur die Bindung der Ehegatten aneinander, sondern eine Bindung von Gott her. »Über diese Bindung hat dann der Mensch keine Macht mehr« (R. Guardini).

Ist die Ehe ein unwiderruflicher Treuebund und der Eheschluß ein unaufhebbares Handeln Gottes, dann ist eine Ehescheidung mit dem Willen des Schöpfers unvereinbar.

1. Die Ehe ist ein unwiderruflicher Treuebund

Seit Hosea wird im Alten Testament der Gottesbund mit einer Ehe zwischen Gott und dem Volk verglichen. Hosea empfängt den göttlichen Auftrag, eine Dirne zu heiraten und mit ihr Kinder zu zeugen (Hos 1,2). Die Dirne, die Hosea heiraten mußte, war eine heiratsfähige Israelitin, die sich den Sexualpraktiken an den heidnischen, den kanaanäischen Tempeln unterworfen hatte. Durch ihre körperliche Hingabe, vermutlich an das Tempelpersonal, erhoffte sie sich eine reiche Nachkommenschaft. Die Heirat Hoseas mit einer solchen, dem wahren Gottesglauben treulos gewordenen Frau war eine prophetische Zeichenhandlung. Dahinter steht die Vorstellung, daß zwischen Gott, »dessen Übergeschlechtlichkeit für israelitisches Denken außer Frage steht, und Israel, so wie es im Lande lebt, eine rechtmäßige Ehe besteht« (H. W. Wolff). Indem sich das Volk Israel den kanaanäischen Kulten zuwendet, bricht es die Ehe, »es hurt von Jahwe weg« (Hos 9,1).

Der Prophet Jeremia nimmt das Bild der Ehe als Gleichnis für den Gottesbund auf. Israel hat den am Sinai geschlossenen Bund gebrochen. »Sie sind allesamt Ehebrecher und eine Gesellschaft von Treulosen« (Jer 9,1). Gott entschließt sich deshalb, sich von seinem Volk zu scheiden. »Du hast schon mit vielen Liebhabern Ehebruch getrieben und solltest doch zurückkehren dürfen?... An den Wegen hast du gesessen und ihnen aufgelauert wie ein Araber in der Wüste und hast das Land entweiht durch deine Buhlerei und deine Verworfenheit« (Jer 3,1.2).

Auch Hesekiel (Hes 16 + 23) und Jesaja (Jes 49,14; 54,4ff; 60,15) verwenden dieses Bild. Das dem Bund Gottes mit Israel und der Ehe zweier Menschen zugrundeliegende gleiche Moment sind Liebe und Treue. Treue ist die ein für allemal geltende liebende Zuwendung.

»Erst in der Treue ist menschliche Liebe wirkliche Liebe. Wir können daher auch sagen: nicht die Liebe (an sich) macht das Wesen der Ehe aus, sondern die aus der Treue erneuerte und durch Krisen hindurch geläuterte Liebe« (G. Müller).

Der zwischen Gott und Mensch und der zwischen zwei Ehepartnern geschlossene Bund (hebräisch: berit) ist eine »Lebens- und Rechtsverbundenheit« (F. Hauck). Maleachi spricht von einem »Bundesschluß« mit der »Frau der Jugend«. Der für Frau gewählte Begriff bedeutet hier eindeutig »Ehefrau« (A. Oepke). Die Rechtsverbundenheit ist dadurch gegeben, daß Gott selbst »als Zeuge zugegen war« (H. Strathmann). Die Ausführungen Maleachis gipfeln in dem Ausspruch Gottes: »Denn ich hasse Entlassungen« (= Ehescheidungen, Mal 2,16 nach Menge), das heißt, Gott haßt die Scheidung.

Das Bild der Ehe für das Verhältnis Gottes zu seinem Volk Israel übernimmt Paulus, um das christliche Verständnis vom Ehebund zu beschreiben. Die christliche Ehe ist ein Gleichnis der Einheit Jesu mit der Gemeinde, ein Gleichnis ihrer gegenseitigen Liebe und ihres gegenseitigen Opfers (Eph 5,21-33). Die christlichen Eheleute verkörpern zeichenhaft die Verbindung Jesu mit der Gemeinde. Paulus schreibt: »Ihr Männer, liebet eure Frauen, gleichwie auch Christus geliebt hat die Gemeinde« (Eph 5,25). Nach dem Rückverweis auf die Schöpfungsgeschichte: »Ein Mann wird Vater und Mutter verlassen und an seiner Frau hängen, und die zwei werden ein Fleisch sein« schreibt Paulus weiter: »Das Geheimnis ist groß, ich sage es aber von Christus und der Gemeinde« (Eph 5,31.32).

Es ist die Aufgabe christlicher Eheleute, die in dem Gleichnis von Jesus und der Gemeinde angesprochene Liebe, die Einheit und das Opfer in ihrem Leben zu verwirklichen.

»Sie können sich also nicht trennen, ohne dieses Gleichnis Lügen zu strafen und dem Zeugnis Abbruch zu tun, das sie für Christus und die Gemeinde ablegen sollen« (M. Thurian).

In einem alten Gebet für den Traugottesdienst wird Gott gepriesen mit den Worten: »O Gott, der du die eheliche Verbindung durch ein so erhabenes Geheimnis geheiligt hast, daß du aus dem Ehebund das abbildliche Zeichen der Verbindung Christi und der Kirche machtest...«

2. Der Eheschluß ist ein unaufhebbares Handeln Gottes

Zwei Menschen werden ein Fleisch. Gott aber ist es, der die beiden zusammenfügt. Der Begriff »Fleisch« bedeutet zur Zeit Jesu soviel wie »Mensch«. »Fleisch und Blut« heißt nach dem Sprachgebrauch der Bibel nichts anderes als »Mensch«. »Die Einung der Geschlechter bedeutet Ein-Mensch-Werden« (J. Schniewind).

Wenn sich zwei Menschen ehelich verbinden, bilden sie in den Augen Gottes nur noch ein Geschöpf. Das Ein-Fleisch-Werden ist die intimste Persongemeinschaft zwischen Mann und Frau. »Geschlechtlichkeit ist deshalb mehr als nur ein Trieb zur Begattung. Sie umfaßt den ganzen Menschen in seiner leiblichen Totalität. Sie ist das Verlangen, durch einen Menschen des andern Geschlechts in allen Lebensbezügen so ergänzt zu werden, daß eine höhere Einheit zustande kommt« (O. A. Piper).

Der Eheschluß ist aber nicht nur die Angelegenheit zweier Menschen. Gott selbst verbindet die beiden Eheleute zu einer untrennbaren Einheit. »Der Schöpfer selbst hat seine Hand im Spiel« (W. Schrage). Jesus sagt: *Gott fügt die beiden zusammen,* wörtlich übersetzt: er spannt sie zusammen ins Joch. Das hier in der Ursprache stehende Wort wird speziell auch von der ehelichen Verbindung gebraucht. »Die Ehe besteht in der Verbindung zweier Menschen in Gott und durch Gott« (M. Thurian). Die Verbindung eines Mannes mit einer Frau, die auf ihrer gegenseitigen Liebe gründet, ist das Werk Gottes. Er vereinigt die beiden Ehepartner. »Die Liebe kommt aus euch, die Ehe von oben, von Gott. Nicht eure Liebe trägt die Ehe, sondern von nun an trägt die Ehe eure Liebe« (D. Bonhoeffer).

Menschen können in gegenseitiger Liebe nach freiem Entschluß die Ehe eingehen. Das liegt in ihrer Gewalt. Da sie aber im Eheschluß in Gott und durch Gott zusammengefügt werden, können sie diese ihre Verbindung nicht mehr zerbrechen, ohne dadurch dem Werk Gottes zu widersprechen.

Das Wort Jesu: »Was Gott zusammengefügt hat, das soll der Mensch nicht scheiden« kann in dreifacher Weise übertragen werden:

»Was Gott zusammengefügt hat, das *darf* der Mensch nicht trennen« (J. Gnilka).

»Was Gott zusammengefügt hat, das *soll* der Mensch nicht trennen« (R. Guardini).

»Was Gott zusammengefügt hat, das *kann* der Mensch nicht scheiden« (D. Bonhoeffer).

In den Übersetzungsmöglichkeiten *darf, soll* und *kann* ist eine Steigerung enthalten. »Der Mensch kann trennen, was er selbst verbunden hat; was Gott zusammengefügt hat, steht über menschlicher Macht« (R. Guardini). Ein Ehepaar ist in Gott und durch Gott verbunden. Die in Liebe und aus freiem Willen zweier Partner eingegangene Ehe ist endgültig und unauflöslich.

Seinen Freunden Bethge schreibt Dietrich Bonhoeffer in seiner Traupredigt aus dem Gefängnis: »Gott fügt eine Ehe zusammen, das tut nicht ihr, sondern das tut Gott. Verwechselt eure Liebe zueinander nicht mit Gott. Gott macht eure Ehe unauflöslich... Wer das weiß, darf getrost sagen: Was Gott zusammengefügt hat, das *kann* der Mensch nicht scheiden.«

Die zwei in einer Ehe verbundenen Menschen gehören unauflöslich zusammen. »Man kann eine Ehe ebensowenig scheiden, wie man einen lebendigen Leib entzweischneiden kann« (Th. Bovet).

Die Pharisäer hatten Jesus die Frage gestellt: »Darf man sich von seiner Frau aus jedem beliebigen Grund scheiden?« (Mt 19,3). Das Gespräch Jesu mit den Pharisäern ist auf seinem Höhepunkt angelangt, als Jesus sagte: Gott hat zusammengefügt, und damit gibt es keine Möglichkeit zur Scheidung.

Durch das Handeln Gottes ist die Ehe unantastbar und vom Menschen nicht auflösbar. Die Ehe hat einen weit über das Menschliche bzw. Zwischenmenschliche hinausragenden Wesenszug. Dies kommt nach Martin Buber bereits in dem deutschen Wort »Ehe« zum Ausdruck. Buber schreibt: »Wenn ein Freund heiratet, schlage ich gerne auf, was Jacob Grimm über die Ehe zu sagen hat, daß in dem gotischen Wort aiva, aus dem das deutsche Wort Ehe kommt, Ewigkeit und Gesetz dicht beieinander gewohnt haben, ehe sie zur êwe (Ewigkeit) und ê (Gesetz, Erhebung, Ehe) auseinandertraten. Damit scheint mir doch mehr gesagt zu sein, als daß es in der Ehe um eine ewige Ordnung geht. Wir werden darauf hingewiesen, daß der einzelne, der als Ganzes, also ehelich mit dem anderen sich verhält und den Bund mit ihm schließt, in einer besonderen, nur so sich öffnenden Weise den ewigen Charakter des menschlichen Daseins verspüren darf.«

Das Bekenntnis zur Unauflöslichkeit der Ehe durchzieht den Traugottesdienst wie ein roter Faden. Dem Traugottesdienst voraus geht die Standesamtliche Eheschließung. Auf dem Standesamt erfolgt das Jawort der Brautleute nach Anhören der einschlägigen Artikel aus dem Eherecht. Der Standesbeamte erklärt, daß durch die beiderseitige Zustimmung die Ehe kraft des Gesetzes geschlossen ist.

Im Gotteshaus handelt Gott an den Brautleuten. Der Traugottesdienst ist ein sogenannter Stationsgottesdienst. Zu den Stationsgottesdiensten (= Kasualien) zählen neben der Trauung die Taufe, die Konfirmation, das Heilige Abendmahl bei Kranken und Sterbenden und das Begräbnis. Stationsgottesdienste sind »christlich begangene Torsituationen, in denen Menschen eine Schwelle überschreiten und von einem Lebensraum in einen anderen gehen« (M. Seitz).

Der neue Lebensraum, der im Traugottesdienst beginnt, ist die von Gott gestiftete und vom Menschen nicht mehr auflösbare Einehe. An vier Stellen erinnert der Traugottesdienst an die Unauflösbarkeit der Ehe.

(1) *Die Anbetung Gottes, des Stifters der Ehe*

In einem alten Gebet für den Traugottesdienst wird Gott gepriesen mit den Worten: »O Gott, der du durch die Macht deiner Stärke alle Dinge aus dem Nichts geschaffen hast und der du, nachdem du die Grundelemente des Weltalls geordnet und den Menschen zu deinem Ebenbild gemacht hast, ihm als unzertrennliche Hilfe die Frau gabst, deren Leib du aus dem Fleisch des Mannes gebildet hattest, um uns zu lehren, *daß es niemals erlaubt sein kann zu trennen, was dir zu verbinden gefallen hat...«*

(2) *Die Lesungen aus der Heiligen Schrift*

Die Schriftlesungen bringen die Bibelworte zur Sprache, die die Menschen dazu berechtigen, ihre Ehe unter Gottes Verheißung und Weisung zu sehen. Am Anfang stehen die Texte von der Stiftung und Ordnung des Ehestandes (1.Mose 2,18; Mt 19,4-6). Sie enden mit dem Wort Jesu: »Was Gott zusammengefügt hat, das soll der Mensch nicht scheiden« (Mt 19,6). Es folgt die Lesung, in der der Apostel Paulus die alttestamentliche Botschaft von der Ehe als einem unwiderruflichen Treuebund aufnimmt (Eph 5,21-33).

(3) *Das heilige Versprechen*

Nach den Lesungen aus der Heiligen Schrift, die den Ehestand als heilige, unverbrüchliche Ordnung Gottes bezeugen, fordert der Pfarrer die Braut und den Bräutigam dazu auf, vor Gott und vor der anwesenden Gemeinde das heilige Eheversprechen abzulegen. Er stellt jedem gesondert die Frage:

> »N.N., willst du N.N., den Gott dir anvertraut, als deinen Ehemann lieben und ehren (die Gott dir anvertraut, als deine Ehefrau lieben und ehren), die Ehe mit ihm (ihr) nach Gottes Gebot und Verheißung führen in guten wie in bösen Tagen, bis der Tod euch scheidet, so antworte: Ja, mit Gottes Hilfe.«

Hat jeder von beiden sein Versprechen vor Gott abgelegt, fordert sie der Pfarrer auf: »Gebt euch die Trauringe an eure rechte Hand.« Der Ringwechsel der Brautleute ist ein erneutes Zeichen der Treueverpflichtung, zugleich aber auch das Bekenntnis zu Gott, dem Stifter der Ehe. In der Traupredigt Bonhoeffers für seine Freunde Bethge heißt es: »Wie ihr euch die Ringe zunächst selbst gegeben und dann noch einmal aus der Hand des Pfarrers empfangt, so kommt die Liebe aus euch, die Ehe von oben, von Gott... Nicht eure Liebe trägt die Ehe, sondern von nun an trägt die Ehe eure Liebe.«

Auf den Ringwechsel folgt die Aufforderung: »Reicht einander die Hand.« Dabei kann jeder der beiden folgende Worte sprechen: »Ich nehme dich als meinen Mann (als meine Frau). Ich verspreche dir die Treue in guten und in bösen Tagen, in Gesundheit und Krankheit. Ich will dich lieben, achten und ehren, solange ich lebe.«

(4) *Der Segen*

Am Anfang, in der Mitte und am Ende des Traugottesdienstes steht eine Segenshandlung.

Schon bei der Abholung des Paares am Eingang zum Gotteshaus spricht der Pfarrer die Worte: »Tretet herzu, daß wir euch im Namen des dreieinigen Gottes segnen.« Die ersten Worte vor dem Altar sind die des Eingangssegens: »Der Friede des Herrn sei mit euch allen.« Der Entlassungssegen ist der sogenannte aaronitische Segen:

»Der Herr segne dich und behüte dich.
Der Herr lasse sein Angesicht leuchten über dir
und sei dir gnädig.
Der Herr hebe sein Angesicht auf dich
und gebe dir Frieden †« (4.Mose 6,24-26).

Mit dem Eingangssegen wird der Traugottesdienst im Namen Gottes eröffnet. Auch der Abschlußsegen gilt dem Paar zusammen mit der mitfeiernden Gemeinde. Die zur Trauung versammelte Gemeinde wird mit dem Paar »nicht in eine namenlose Ungewißheit entlassen, sondern kehrt zurück im Frieden des Herrn, dessen ›Angesicht‹ sie gesehen hat in dem Wort, das sie gehört hat und das ihr nun gehört« (G. Hennig).

Der Trausegen in der Mitte des Traugottesdienstes gilt dem vor Gottes Altar erschienenen Paar. Es ist ein zweifacher Segen, der zum Ausdruck bringt, daß die Gesegneten auf Dauer ihres Lebens miteinander verbunden sind.

Der Pfarrer legt seine Hand auf die ineinandergefügten Hände der Brautleute und spricht die Worte: »Was Gott zusammengefügt hat, das soll der Mensch nicht scheiden« (Mt 19,6). Danach kniet das Brautpaar nieder. Der Pfarrer legt ihnen die Hände auf und spricht:

»Der Segen Gottes
des Vaters, des Sohnes und des Heiligen Geistes
komme über euch
und bleibe bei euch *jetzt und immerdar.«*
»Friede † sei mit euch« (Joh 20,19b).

Die Gebärde der Handauflegung ist ein Zeichen dafür, daß Gott das Paar, das vor seinem Angesicht die Ehe geschlossen hat, beschlagnahmt. »Wer in die Ehe eintritt, wird von Gott beschlagnahmt und in lebenslange Gemeinschaft mit dem Ehegatten hineingestellt« (E. Wilkens).

Die vor Gottes Angesicht geschlossene Ehe trägt das Siegel der Unantastbarkeit und Unauflöslichkeit. Die Ehe ist als Gottes Ordnung vom Menschen nicht auflösbar. Die Ehe nach Gottes Schöpfungsordnung ist die Ehe von einem Mann mit einer Frau. In der Ehe fügt Gott zwei Menschen zusammen. Gott schafft die Ausschließlichkeit des Sich-Gehörens. Damit ist die Möglichkeit, in derselben Weise einmal mit einem Dritten eine Ehe einzugehen, nach der Ordnung des Schöpfers undenkbar. Durch die Eheschließung sind die beiden Partner »auf Dauer ihres Lebens miteinander verbunden«. Es gibt keine Ehe auf Zeit. »Denn was ist eine Liebe, die sich nur befristet verspricht?« (M. Seitz).

B. Die Notordnungen des Erhalters

Nachdem Jesus in seinem Gespräch mit den Pharisäern in unzweideutiger Weise von der Unauflöslichkeit der Ehe gesprochen hatte, warfen diese ein: »Warum hat denn Mose geboten, der Frau einen Scheidebrief auszustellen und sie dann zu entlassen?« Jesus entgegnete: »Mose hat euch nur mit Rücksicht auf eure Herzenshärte gestattet, euch von euren Frauen scheiden zu lassen, *aber von Anfang an* ist es nicht so gewesen« (Mt 19,7.8).

Die Antwort Jesu war: Es gibt Ordnungen, die vom ursprünglichen Willen des Schöpfers abweichen. Es sind Notordnungen aufgrund der Hartherzigkeit des Menschen. Daß das Herz des Menschen hart wurde, ist eine Folge des Einbruchs der Sünde. Die Geschichte der Scheidung ist »eine Geschichte der Sünde« (G. Hennig). Die Wurzel der Ehescheidung ist die Hartherzigkeit des Menschen, das heißt »die menschliche Überheblichkeit, die sich ihre Maßstäbe selbst setzt« (H. J. Thilo).

Zu allen Zeiten warb Gott darum, daß der Mensch sein Herz nicht weiter verhärtete: »So beschneidet die Vorhaut eures Herzens und zeigt euch nicht länger halsstarrig« (5. Mose 10,16). »Beschneidet euch für den Herrn und schafft die Vorhaut eurer Herzen weg« (Jer 4,4). Je weiter sich aber der Mensch von Gott entfernte, desto härter wurde sein Herz.

Im Blick auf die Ehe zweier Menschen besteht die Hartherzigkeit darin, daß die »Herzen zur vergebenden Liebe unfähig geworden sind« (W. Grundmann). Aufgrund dieser Hartherzigkeit erließ Mose ein Gesetz, das die Ehescheidung ermöglichte und ordnete. Das von Mose erlassene Gesetz ist ein Gebot, das erst in der Zeit nach dem Fall des Menschen notwendig wurde. Gott hatte den Menschen, der sich von ihm getrennt hatte, nicht vernichtet. Gott ließ den Menschen weiterleben. Gott ist nicht nur der Schöpfer, sondern auch der Erhalter des Menschen. Um aber der Macht der Sünde zu wehren, das heißt, sie nicht ausufern zu lassen, erlaubte Gott Notordnungen. Eine Notordnung ist eine »Ordnung in der Unordnung« (E. Wilkens). So gibt es Ordnungen, die anders sind als der ursprüngliche Wille des Schöpfers. Es sind Notordnungen aufgrund der Hartherzigkeit der Menschen. Auf diesen Unterschied zwischen der Schöpfungsordnung und den später erlassenen Geboten verweist Jesus seine Gesprächspartner, die Pharisäer. Er sagt: Da ist einmal der ursprüngliche Schöpferwille, zum andern gibt es die im Verlauf der Geschichte der Sünde eingerissenen

Verhaltensweisen der Menschen und die aufgrund der Hartherzigkeit der Menschen erlassenen Notordnungen.

I. Der Scheidebrief des Mose und die Fristenscheidung

> Wenn jemand eine Frau zur Ehe nimmt und die Ehe mit ihr vollzieht, später aber sich nicht mehr zu ihr hingezogen fühlt, weil er etwas Schandbares (hebräisch: erwath dabar) an ihr entdeckt hat, und er hat ihr einen Scheidebrief in die Hand gegeben und sie aus seinem Hause entlassen... und sie wird eines andern Frau... dann kann er sie nicht wieder zur Frau nehmen, nachdem sie unrein geworden ist. 5. Mose 24,1-4

Im Alten Testament gab es ein Recht auf Verstoßung der Frau. Ein Mann konnte seine Ehe mit Hilfe eines Scheidebriefes rechtsgültig lösen. Ein vergleichbares Recht findet sich auch in dem seit 1977 geltenden Ehescheidungsgesetz. Dieses »neue« Gesetz räumt jedem der beiden Eheleute das Recht ein, »eine für den Partner, die Kinder und die Gesellschaft sinnlos gewordene Ehe aufzulösen und die Frage der Schuld, jedenfalls für Außenstehende, auszuklammern« (H. Fritzsche). Stimmt einer der Ehepartner der Scheidung nicht zu, so bleibt die Möglichkeit der Fristenscheidung. Diese Fristenscheidung kann, ohne daß dies im einzelnen nachgeprüft wird, durchaus eine Fristenverstoßung des nichtschuldigen und nicht in die Scheidung einwilligenden Partners sein. Eine solche Fristenverstoßung des nichtschuldigen Partners ist vergleichbar mit dem im Scheidebrief des Mose festgelegten Verstoßungsrechtes.

1. Ehescheidung im Alten Testament und zur Zeit Jesu

Durch das Schreiben eines Scheidebriefes (hebräisch: sefer keritut) konnte ein Mann die Scheidung vollziehen. Er mußte dieses Dokument der Ehescheidung seiner Frau bei ihrer Entlassung aushändigen. Vorbild war die babylonische Sitte. Die Form des Scheidebriefes war die einer Urkunde oder Quittung. Der Scheidebrief konnte vom Mann zurückgenommen werden, solange er noch nicht in der Hand der Frau oder ihres Bevollmächtigten war. War dies jedoch geschehen, so war die Ehe geschieden und konnte nicht mehr durch bloße Zurücknahme des Scheidebriefes wiederhergestellt werden.

Durch das von Mose erlassene Recht der Aushändigung eines Scheidebriefes wurde im Alten Testament die Verstoßung der Frau durch den Mann geregelt. Der Mann hatte in alttestamentlicher Zeit das Recht, seine Frau durch das Aussprechen einer einfachen Formel zu verstoßen. Ein Beispiel dafür ist im Buch Hosea zu finden. Der Prophet teilt seinen Kindern die Verstoßung ihrer Mutter mit folgenden Worten mit:

> »Hadert mit eurer Mutter!
> Hadert!
> Denn sie ist nicht mein Weib
> und ich nicht ihr Mann,
> daß ich sie nicht noch ausziehe
> und sie hinstelle wie am Tag ihrer Geburt.«
> (Hosea 2,4.5)

Daneben gab es aber auch schon zur Zeit der Richter (1200 – 1020 v. Chr.) die Möglichkeit, daß eine Frau die Scheidung einleitete. Ein Levit aus dem Gebirge Ephraim hatte ein Mädchen aus Bethlehem zu seiner Nebenfrau genommen. Als diese sich mit ihm überwarf, verließ sie ihn und kehrte zurück in das Haus ihres Vaters nach Bethlehem (Ri 19,1.2). In einem solchen Fall konnte der Mann erneut um die weggezogene Frau werben. Weigerte sich diese, zu ihrem Mann zurückzukehren, war ihre Ehe wirksam beendet.

In der im 2. Jahrhundert nach Christus zusammengestellten Sammlung der mündlichen Lehre des Judentums (Mischna) gilt als wesentliche Formel des Scheidebriefes der Satz: »Du bist nun jedermann erlaubt.« Nach Rabbi Juda ben Ezechiel (3. Jh. n. Chr.) lauten die entsprechenden Sätze: »Dies diene dir als Scheidebrief von mir, als Entlassungs- und Befreiungsurkunde, so daß du nun gehen kannst, dich mit jedem Mann, den du willst, zu verheiraten.«

Erst Rabbi Gerschom ben Jehuda (um 1000) trat offiziell der Willkür entgegen, mit der ein Ehemann seiner Ehefrau einen Scheidebrief aushändigen konnte. Er traf die Anordnung, daß zur Entgegennahme des Scheidebriefes und damit zur Ehescheidung die Zustimmung der Ehefrau notwendig ist.

Der Scheidebrief kann heute selbst im orthodoxen Judentum von jedem geschrieben werden, sowohl von dem Mann als auch von der Frau. Er muß mit dem Datum versehen sein sowie den Namen des Mannes und den der Frau als Unterschrift tragen. Der Scheidebrief enthält die ausdrückliche Erklärung des Mannes, daß seine Frau hiermit frei ist und jedermann zur anderweitigen Verehelichung zur Verfügung steht. Außerdem trägt ein solcher Scheidebrief die Unterschrift zweier Zeugen. Der Wortlaut eines solchen Scheidebriefes ist folgender:

»Und jetzt verstoße ich dich..., Tochter des..., und welchen Namen du sonst haben magst..., so daß du frei und dein selbst mächtig bist zu gehen, um dich zu verheiraten an jeden beliebigen Mann, und niemand soll dir es wehren von diesem Tag an bis in Ewigkeit. Siehe, du bist erlaubt jedermann, und dies soll dir meinerseits sein das Schriftstück der Verstoßung und das Dokument der Scheidung und der Brief der Entlassung nach dem Gesetz Moses und Israels.«

Zur Zeit Jesu war es grundsätzlich jedem Mann erlaubt, seiner Frau einen Scheidebrief auszustellen. Er mußte nur, wie es Mose vorschrieb, »etwas Schandbares« an ihr entdecken (5.Mose 24,1).

Für die Formulierung »etwas Schandbares« (hebräisch: erwath dabar) gibt es keine weiteren Belege im Alten Testament. Deshalb ist eine genaue Übersetzung nicht mehr möglich. So bleibt es ein Stück weit offen, was unter »Schandbarem« oder »Sache von Schande« zu verstehen ist. Rabbi Schammai – er starb im Jahre 15 v. Chr. – lehrte noch: Mit »etwas Schandbarem« kann nur Ehebruch von seiten der Frau gemeint sein.

Die Schüler Schammais, die sogenannten Schammaiten, faßten die Wendung »etwas Schandbares« noch eng im Sinne von Unzuchtsünden.

Anders war dies bei Rabbi Hillel und seinen Schülern. Rabbi Hillel – er starb im Jahre 10 n. Chr. – geht in seiner Auslegung der Formulierung »etwas Schandbares« von einer aramäischen Übersetzung des 5. Mosebuches aus, in der das Wort »Schandbares« mit »Übertretung eines Gebotes« übertragen wird. Die Übertretung eines Gebotes aber war nach Rabbi Hillel bereits der Ungehorsam der Frau gegenüber dem Mann. Ein Mann konnte sich von seiner Frau trennen, wenn diese ihm den Gehorsam verweigerte. Zum Ungehorsam einer Frau gehörte es nach Rabbi Hillel, wenn die Frau gegen die guten Sitten verstoßen hat, zum Beispiel, wenn sie mit aufgelöstem Haar das Haus verließ oder eine Speise hat anbrennen lassen.

Von hier aus ist es nur noch ein kleiner Schritt bis zur Begründung einer Scheidung durch Rabbi Akiba. Von Rabbi Akiba, einem Schüler Hillels – er starb im Jahre 135 n. Chr. –, ist die Begründung bekannt: Ein Mann kann sich von seiner Frau scheiden, wenn er einer schöneren Frau begegnet, die ihm besser gefällt als die seine. Um diese seine Auslegung zu begründen, übersetzt Rabbi Akiba 5. Mose 24,1: »Wenn jemand eine Frau zur Ehe nimmt und diese keine Gnade in seinen Augen findet und er ihr einen Scheidebrief in die Hand gegeben hat, ist sie aus seinem Hause entlassen.«

In dem von Mose um der Hartherzigkeit der Menschen willen erlaubten Scheidebrief sahen einige Rabbiner zur Zeit Jesu ein »Verstoßungsrecht«. Ein Mann konnte seine Frau verstoßen, und zwar bereits dann, wenn diese nicht mehr Gnade in seinen Augen fand. Die Frau war zum »Wegwerfpartner« geworden.

2. Die Fristenscheidung und das Zerrüttungsprinzip

Zu einer Fristenscheidung kommt es nach dem seit 1977 geltenden Ehescheidungsgesetz immer dann, wenn einer der Ehepartner nicht dem Scheidungswillen des andern zustimmt.

Außerdem unterscheidet sich das Recht der Scheidung heute von dem des 19. Jahrhunderts dadurch, daß das sogenannte Zerrüttungsprinzip und nicht mehr das Schuldprinzip Maßstab einer gerichtlichen Ehescheidung ist. Jeder der beiden Ehepartner kann nach dem 1977 in Kraft getretenen Ehescheidungsgesetz sein Recht auf Scheidung in Anspruch nehmen, ohne dem Partner eine Verschuldung in Sachen Ehebruch nachweisen zu müssen.

Das Bürgerliche Gesetzbuch kannte ursprünglich nur die Verschuldungsscheidung. Eine Ehe wurde dann geschieden, wenn schuldhaftes, ehewidriges Verhalten feststellbar war.

Seit den zwanziger Jahren unseres Jahrhunderts bewegt die Justiz der Gedanke, an die Stelle der Verschuldungsscheidung eine Zerrüttungsscheidung zu setzen.

Bezeichnenderweise waren es die Nationalsozialisten, die im Ehegesetz vom 06.07.1938 die »Objektive Zerrüttung« zum ersten Mal als Scheidungsgrund aufführten. Der entsprechende Gesetzesparagraph ist gefüllt mit nationalsozialistischem Gedankengut, nach dem auch die politisch andere Einstellung des Ehepartners von vornherein als Scheidungsgrund anerkannt wurde. Ähnliche Argumente finden sich bis heute in der Ehegesetzgebung sozialistischer Staaten. Das sogenannte Kontrollratsgesetz Nr. 16 vom 20.02.1946 löst die nationalsozialistische Scheidungsgesetzgebung auf und nennt für eine Scheidung sechs Gründe:

1. Ehebruch
2. andere Eheverfehlungen (verschuldete Zerrüttung)
3. Geistesstörung
4. Geisteskrankheit
5. ansteckende oder ekelerregende Krankheit
6. unheilbare Zerrüttung bei dreijähriger Trennung

Der Begriff »Zerrüttung« kommt hier bereits zweimal vor. In der Fassung des Scheidungsrechtes von 1961 liegt Zerrüttung dann vor, wenn die häusliche Ehegemeinschaft der Eheleute seit drei Jahren aufgehoben ist, und zwar »infolge einer tiefgreifenden, unheilbaren Zerrüttung des ehelichen Verhältnisses«. Dabei wird festgestellt, daß der Widerspruch des einen Ehegatten zu beachten ist, wenn der andere die Zerrüttung ganz oder überwiegend verschuldet hat. Dem Scheidungsbegehren ist auch dann nicht stattzugeben, wenn das Interesse minderjähriger Kinder das Aufrechterhalten der Ehe erfordert.

Das neue Gesetz zur Reform des Ehe- und Familienrechtes kennt nur noch einen einzigen Scheidungsgrund: die Zerrüttung der Ehe. Eine Schuldfeststellung findet nicht mehr statt. Die Schuldfrage ist ausgeklammert. Festgestellt wird nur noch, ob eine Ehe gescheitert ist. Wollen beide Ehepartner geschieden werden, reicht eine einjährige Trennung als Nachweis des Scheiterns aus.

Stellt nur ein Ehepartner den Scheidungsantrag, gilt die Ehe trotz des Einspruchs des anderen Ehepartners für unwiderleglich gescheitert, wenn die Ehepartner seit drei Jahren getrennt leben. Ist dies nachweisbar, wird die Ehe auch gegen den Willen des Partners, der nicht in die Scheidung einwilligt, geschieden. Dabei spielen die Gründe, warum der Ehepartner vom andern wegzog, keine Rolle mehr. Es wird nicht danach gefragt, ob der weggezogene Ehepartner im Konkubinat lebt. Auch die Fragen der Krankheit oder Notlage des andern Partners sind keine Argumente gegen die Fristenscheidung. Letztere kommen nur zur Sprache bei der Regelung des Unterhaltsanspruches.

Das seit 1977 geltende Ehescheidungsgesetz hat nach Horst Georg Pöhlmann im wesentlichen drei Konsequenzen, deren verheerende Auswirkungen noch nicht absehbar sind:

> (1) »Auch sonst steht und fällt doch unser Rechtswesen mit der Schuldfeststellung; wenn sie im Eherecht abgelehnt wird, müßte sie konsequenterweise auch aus dem sonstigen Recht (Strafrecht) ausgeschieden werden.
>
> (2) Die Fristenverstoßung des nichtschuldigen Partners ist ein Rückfall in die vorchristliche Sach-Ehe mit ihrem Verstoßungsrecht. Der nicht scheidungswillige Partner wird nicht selten durch diese Kalenderscheidung in eine Schutzlosigkeit und Einsamkeit ohnegleichen gestoßen. Aus diesem Recht spricht ein egoistisches Anspruchsdenken, wie es auch in anderen Bereichen unserer Gesellschaft anzutreffen ist, wo die Grundwerte Treue, Opfersinn, Pflichtbewußtsein, Hingabe und Dankbarkeit über Bord geworfen werden.
>
> (3) In diesem Eherecht, in dem nur noch wertneutral geprüft wird, ob die Ehe gescheitert ist, hat die Ehe aufgehört, ein

> Treuebund zu sein, und das Recht hat sich hier – ähnlich wie in anderen Fällen – von unserem christlichen Kulturkreis getrennt. Der unwiderrufliche Treuebund ist zum Vertrag auf jederzeitigen Widerruf, die vorbehaltlose Gemeinschaft zur Gemeinschaft unter Vorbehalt, die verläßliche Partnerschaft zur unverläßlichen (Test- und Angst-?) Ehe geworden.«

In alttestamentlicher Zeit und nach jüdischem Recht zur Zeit Jesu konnte ein Mann in völlig legaler Weise seine Ehe lösen. Er brauchte der Frau nur einen Scheidebrief auszuhändigen. Der Mann hatte das Recht auf Verstoßung. Die Frau konnte die Scheidung einleiten, indem sie ihren Mann verließ und in ihr Elternhaus zurückkehrte.

Nach heute geltendem Recht kann jeder der beiden Ehepartner auch ohne Einwilligung des andern mit Hilfe der Fristenscheidung seine-Ehe lösen. Er hat die Möglichkeit, für die Verstoßung auch eines nichtschuldigen Partners das geltende Recht in Anspruch zu nehmen.

Die Antwort, die Jesus den Pharisäern auf ihre Frage nach dem Verstoßungsrecht gibt, gilt deshalb in gleicher Weise für den Scheidebrief wie für die sogenannte Fristenscheidung.

Auf die grundsätzliche Frage der Pharisäer: »Darf ein Mann seine Frau entlassen?« antwortet Jesus: »Wer seine Frau entläßt und eine andere heiratet, begeht Ehebruch; und wer eine von ihrem Gatten geschiedene Frau heiratet, begeht ebenfalls Ehebruch« (Lk 16,18). Auch nach dem Zeugnis des Apostels Paulus hält Jesus an der Unscheidbarkeit der Ehe fest: »Den Verheirateten aber gebiete ich – nein, nicht ich, sondern der Herr –, daß eine Frau sich von ihrem Mann nicht scheiden soll... Ebenso soll auch ein Mann seine Frau nicht entlassen« (1. Kor 7,10.11).

Jesus wendet sich scharf und bestimmt gegen die Ehescheidung überhaupt. Er weist nachdrücklich darauf hin, daß die alttestamentliche Möglichkeit, seine Ehefrau zu verstoßen, keine Ordnung des Schöpfers ist. Er nennt dieses von den Pharisäern angeführte »Recht« eine Notordnung, die auf Mose zurückgeht. Mose erlaubte den Scheidebrief um der »Hartherzigkeit der Menschen willen« (Mt 19,8).

Jesu Ziel bleibt es, Menschen dazu einzuladen, zur Ordnung des Schöpfers zurückzukehren. Für Jesus ist die Ehe nach dem Willen des Schöpfers unscheidbar.

> »Der Mensch kann eine Ehe nach freiem Entschluß eingehen. Tut er es aber, dann knüpft sich darin eine Bindung von Gott her, über die er keine Macht mehr hat. Das ist der übermenschliche Charakter der Ehe, der zu einem glückseligen,

über allen Wandel hinaus Frieden und Halt gebenden Geheimnis werden kann; freilich auch zu einem schweren Schicksal« (R. Guardini).

II. Die Wiederheirat nach einer Scheidung

> Wenn jemand eine Frau zur Ehe nimmt und die Ehe mit ihr vollzieht, später aber sich nicht mehr zu ihr hingezogen fühlt, weil er etwas Schandbares (hebräisch: erwath dabar) an ihr entdeckt hat, und er hat ihr einen Scheidebrief in die Hand gegeben und sie aus seinem Hause entlassen... und sie wird eines andern Frau... dann kann er sie nicht wieder zur Frau nehmen, nachdem sie unrein geworden ist. 5. Mose 24,1-4

Die Wiederheirat Geschiedener ist im Alten Testament eine selbstverständliche Folge der von Mose geordneten Scheidepraxis. Die Möglichkeit der Wiederheirat Geschiedener ist demnach genau wie die Scheidung eine Notordnung. Eine zweite eheliche Verbindung nach erfolgter Trennung gab es zu allen Zeiten. Nach dem babylonisch-assyrischen Recht konnte ein Mann seine Frau verstoßen! Gleicherweise hatte auch die Frau das Recht dazu, die Scheidung von sich aus zu beantragen. Eine Frau durfte die Scheidung verlangen, wenn ihr Mann Kriegsbeute geworden war oder aber wenn dieser nicht mehr in der Lage war, die Existenz seiner Frau zu sichern. Nach erfolgter Scheidung war die Frau frei, wieder zu heiraten.

Mit der Wiederheirat einer geschiedenen Frau rechnet auch der von Mose gegebene Scheidebrief. In ihm heißt es: Wird die Geschiedene eines andern Frau, so kann ihr erster Mann, was immer auch geschehen mag, sie nicht wieder zur Frau nehmen (vgl. 5. Mose 24,2-4).

Im Alten Testament gibt es Beispiele dafür, daß eine Frau ohne die ausdrückliche Zustimmung ihres Ehemannes von diesem geschieden und danach wieder verheiratet werden konnte. In der Geschichte von Simson und der Philisterin war es der Vater der Frau, der die Ehe zwischen seiner Tochter und Simson beendete. Er begründete dies Simson gegenüber mit den Worten: »Ich mußte fest annehmen, daß du nichts mehr von ihr wissen wolltest, daher habe ich sie einem von deinen Hochzeitsgenossen zur Frau gegeben« (Ri 15,2; vgl. 14,19f).

Michal, eine der Frauen Davids, wurde von ihrem Vater mit einem anderen Mann verheiratet. Dies geschah zu einer Zeit, als David vor Saul fliehen und Michal zurücklassen mußte (1. Sam 19,12-17). Saul gab seine Tochter Michal dem Palti, einem Sohn Lajischs, zur Frau (1. Sam 25,44).

Zur Zeit Jesu war es Herodes Antipas (4 v. – 39 n. Chr.), der eine Doppelscheidung herbeiführte. Er verstieß seine Frau, die Tochter des Nabatäerkönigs Aretas IV., und ging eine eheliche Verbindung mit Herodias, der Frau seines Halbbruders, ein.

Im gesamten Neuen Testament findet sich kein Text, der die Wiederheirat Geschiedener erlaubt. Jesus spricht überhaupt nicht von der Wiederheirat Geschiedener. Paulus sagt, wobei er sich ausdrücklich auf Jesus beruft: »Hat sich eine Frau doch geschieden, so soll sie unverheiratet bleiben oder sich mit ihrem Mann wieder versöhnen« (1. Kor 7,11). Wo die Scheidung geschehen ist, gibt es danach nur Wiederversöhnung oder Verzicht auf die Ehe.

Die erste und vornehmste Aufgabe eines Seelsorgers in Ehefragen bleibt es, *alles* zu versuchen, ob sich nicht noch einmal der Mann mit seiner Frau oder die Frau mit ihrem Mann versöhnen kann. Um den Weg zur Wiederversöhnung und Wiedergutmachung freizuhalten, kann ein Seelsorger einem Geschiedenen nur den Rat geben, nicht wieder zu heiraten.

III. Die Ehe mit mehreren Frauen (Polygynie)

> Lamech aber nahm sich zwei Frauen, von denen die eine Ada, die andere Zilla hieß. 1. Mose 4,19

Ursprünglich waren beide, Mann und Frau, gleichwertig und gleichrangig. Dies fand seinen Ausdruck in der von Gott gewollten und gesetzten Einehe. Die Einehe aber geriet nach der Zerstörung des Schöpfungsfriedens in Gefahr. Der Mann wurde der Herr der Frau. Er verfügte und herrschte über sie. Das Ein-Fleisch-Werden war nicht mehr das untrennbare, exklusive Einswerden von einem Mann und einer Frau, sondern wurde nunmehr bestimmt von Siegen und Unterliegen, von Hörigkeit und Despotentum. Die Folge dieser Wandlung im Verhältnis der Geschlechter untereinander war die Ehe mit zwei oder mehreren Frauen.

Ohne Wertung und Beurteilung wird von Lamech festgestellt, daß er zwei Frauen heiratete: »Lamech aber nahm sich zwei Frauen, von denen die eine Ada, die andere Zilla hieß« (1. Mose 4,19). Das einfache, unkommentierte Erwähnen der Ehe mit zwei Frauen ist möglich aufgrund der Beschreibung der nach dem Sündenfall veränderten Verhältnisse von Mann und Frau.

Die Ehe mit mehreren Frauen gibt es genau wie die Scheidung und die Wiederheirat Geschiedener erst nach der Trennung des Menschen von Gott. Sie ist eine Notordnung – eine Ordnung in der Unordnung. Dabei war es nach alttestamentlichem Recht allein dem Mann gestattet, mehrere Partner zu heiraten. Die Frau durfte immer nur mit einem Mann verheiratet sein. Da es sich im Alten Testament immer nur um Ehen von einem Mann mit mehreren Frauen handelt und nicht umgekehrt, ist es genauer, von Polygynie als von Polygamie zu reden. Der Begriff Polygamie ist mehrdeutig. Er wird auch dazu verwandt, die Eheform zu beschreiben, in der die Frau mehrere Männer hat. Die Polygynie, die Ehe eines Mannes mit mehreren Frauen, ist eine »merkliche Beeinträchtigung der Rechte der Frau« (P. Landesmann).[1]

Mann und Frau waren nicht mehr gleichwertig und gleichrangig. Die Schöpfungsordnung war verlassen. Der Mann konnte sich mehrere Frauen nehmen oder halten, wenn er durch die neue Verheiratung »die Kost, die Kleidung und den Verkehr mit der schon angetrauten Frau nicht verminderte« (2.Mose 21,10). Dabei bleibt zu fragen, ob dieses Gesetz bei den Richtern und Königen des alten Israels in allen drei Verpflichtungen eingehalten werden konnte. Gideon, der israelitische Richter, hatte viele Frauen, die ihm siebzig Söhne zur Welt brachten (Ri 8,30). Nach der Zahl der Söhne zu urteilen, müssen die meisten Richter in Israel mehrere Frauen gehabt haben. Jair hatte dreißig Söhne (Ri 10,4), Ibzan dreißig Söhne und dreißig Töchter (Ri 12,9) und Abdon vierzig Söhne (Ri 12,14). König David hatte mehrere Frauen (1.Sam 25,39f.43; 2.Sam 3,2ff; 5,13), und Salomo hatte siebenhundert fürstliche Frauen und dreihundert Nebenfrauen (1.Kön 11,3). Von König Rehabeam, einem Sohn Salomos, ist bekannt, daß er achtzehn Frauen und sechzig Nebenfrauen hatte (2. Chr 11,21); und jeder der achtundzwanzig Söhne Rehabeams hatte mehrere Frauen (2. Chr 11,23).

Die Vielweiberei und das Haremwesen der Könige war im Alten Testament nicht unumstritten. Das biblische Gebot warnt den König davor, viele Frauen zu haben: »Auch soll der König nicht viele Frauen nehmen, damit sein Herz sich nicht vom Herrn abwendet« (5. Mose 17,17).

Weder in der Urgeschichte noch zur Zeit der Erzväter war es durchgängig üblich, daß ein Mann mehrere Frauen hatte. Noah war nur mit einer Frau verheiratet und Isaak nur mit Rebekka.

Bei Abraham war es die jahrzehntelange Unfruchtbarkeit seiner Frau Sara, die diese dazu veranlaßte, Abraham ihre Magd Hagar als

1 Anders gewichtet sind die Rechte der Frau in der im Alten Testament geordneten Sonderform der Polygynie, der sogenannten Schwagerehe, siehe Exkurs II: Die Schwagerehe (Levirat).

Nebenfrau zuzuführen. Hagar blieb im Stand der Sklavin. Sie wurde nach der Geburt Isaaks zusammen mit ihrem Sohn Ismael verstoßen.

Jakob wurde von seinem Schwiegervater Laban in die Doppelehe mit Lea und Rahel gedrängt. Die Mägde der beiden Frauen, Silpa und Bilha, wurden Jakob von Lea und Rahel gegeben, um die Nachkommenschaft zu mehren. Im Gegensatz zu Hagar, die als Sklavin den Namen ihres Sohnes bestimmte, waren Silpa und Bilha vom Sklavenstand befreit. Ihre Söhne bekamen die Namen von Lea und Rahel. Damit erklärten diese Silpa und Bilha zu Frauen Jakobs und die Söhne zu gleichberechtigten Erben (B. S. Jacobson).

Bei den Erzvätern war die Ehe mit mehreren Frauen zunächst eine Notordnung. Sie hatte ihren Grund in der Not der Kinderlosigkeit. Zur Zeit der Richter und Könige wurde sie zu einer nahezu gedankenlos praktizierten Ordnung in Angleichung an ihre Umwelt. Sie hatten genau wie die Mächtigen anderer Völker und Sippen viele Frauen.

Ehen mit mehreren Frauen gibt es im Mittleren Osten bis heute. Eine für sich sprechende Begründung für die Polygynie ist das von Patai überlieferte Sprichwort: »Bei der Alten zu schlafen, ist mir wie ein Herd voller Dung. Bei der neuen Frau zu schlafen, ist mir wie eine Nacht von Allahs Fest.«

Die Gelehrten der rabbinischen Zeit traten in großer Mehrheit für die Einehe ein. Für die Allgemeinheit der meisten europäisch-jüdischen Gemeinden wurde die Einehe um das Jahr 1000 in einem Dekret des Rabbiners Gerschom ben Jehuda für verbindlich erklärt. Die alten Rabbiner begründeten die Einehe mit der Schöpfungsordnung. Gerschom ben Jehuda erklärte sie für die einzige Eheform, in der Mann und Frau gleichwertig und gleichrangig sind.

Für die orientalischen Juden wurde die Einehe 1951 beschlossen und eingeführt, und zwar durch das vom Staat Israel erlassene Gesetz über die Gleichberechtigung der Frau.

Für die Christen erklärte bereits Jesus die vom Schöpfer gestiftete und geordnete Einehe als die einzige Form der Ehe. Jede Ehe mit mehreren Frauen, dazu sind auch die eheähnlichen Verbindungen vor und außerhalb der Ehe zu zählen, steht im Widerspruch zum Willen des Schöpfers.

Die mit Lamech beginnende Notordnung der Ehe mit mehreren Frauen ist durch die gefallene Welt geprägt. Als Notordnung ist sie nicht unmittelbares Abbild des Schöpfungswillens, sie ist eine Folge der Sünde.

Die Polygynie war in alttestamentlicher Zeit eine Form der Ehe neben der Einehe. Sie war verbunden mit einer entpersönlichenden Wertung der Frau und damit mit einer deutlichen Abwertung der Frau. Die

Polygynie stand im Alten Testament nie gleichwertig neben der Monogamie. Die monogame Eheform behielt ihr besonderes Gewicht durch den Schöpfungsbericht. Außerdem sind auch in alttestamentlicher Zeit viele monogame Ehen bezeugt. Dazu kommt, daß der Hohepriester zu jeder Zeit nur eine Frau haben durfte (3.Mose 21,13).

C. Das Scheitern einer Ehe und die offene Frage nach der Wiederheirat Geschiedener

Das Zerbrechen einer Ehe steht immer im Gegensatz zum Willen Gottes des Schöpfers. Der ursprüngliche Schöpferwille jedoch ist erst dann wieder vollkommen verwirklicht, wenn die von der Sünde der Menschen geprägte Welt untergegangen ist. Erst die neue Schöpfung am Ende der Zeiten ist frei von der Bestimmtheit durch die Sünde. »Die Schöpfung ist gefallen, die Sünde ist in die Welt hereingebrochen, und solange diese Welt besteht, wird es Gesetze für eine Scheidung geben müssen« (J. Schniewind).

Jesus spricht in vier verschiedenen Situationen von der Ehescheidung:

– 1 –	– 2 –	– 3 –	– 4 –
In der Bergpredigt	In einem Streitgespräch mit den Pharisäern	Bei einer Jüngerbelehrung im Anschluß an ein Streitgespräch mit den Pharisäern	Im Zusammenhang einer Zurechtweisung der Pharisäer
Mt 5,32	Mt 19,9	Mk 10,11.12	Lk 16,18
Ich aber sage euch: Wer sich von seiner Frau scheidet außer aufgrund von Unzucht, der verschuldet es, daß dann Ehebruch mit ihr verübt wird, und wer eine geschiedene Frau heiratet, begeht Ehebruch.	Ich aber sage euch: Wer sich von seiner Frau scheidet – es sei denn wegen Unzucht – und eine andere heiratet, der bricht die Ehe, und wer eine Geschiedene heiratet, begeht ebenfalls Ehebruch.	Wer sich von seiner Frau scheidet und eine andere heiratet, begeht ihr (= der ersten Frau) gegenüber Ehebruch; und ebenso, wenn sie sich von ihrem Mann scheidet und einen anderen heiratet, so begeht sie Ehebruch.	Wer seine Frau entläßt und eine andere heiratet, begeht Ehebruch; und wer eine von ihrem Mann geschiedene Frau heiratet, begeht ebenfalls Ehebruch.

In allen Worten Jesu zur Ehescheidung kommt der Begriff Ehebruch vor. Zweimal spricht Jesus von einer Ehescheidung im Falle vorliegender Unzucht.

I. Jesu Stellung zum Ehebruch

> Ihr habt gehört, daß (den Alten) geboten worden ist: »Du sollst nicht ehebrechen!« Ich dagegen sage euch: »Wer eine Frau auch nur mit Begehrlichkeit ansieht, hat damit schon im Herzen Ehebruch an ihr begangen. Wenn dir also dein rechtes Auge zum Fallstrick werden will, so reiß es aus und wirf es weg von dir; denn es ist besser für dich, daß eins deiner Glieder (dir) verlorengeht, als daß dein ganzer Leib in die Hölle geworfen wird. Und wenn deine rechte Hand dich zum Bösen verführen will, so haue sie ab und wirf sie weg von dir; denn es ist besser für dich, daß eins deiner Glieder dir verlorengeht, als daß dein ganzer Leib in die Hölle geworfen wird.« Matthäus 5,27-30

Mit seinem Wort zum Ehebruch in der Bergpredigt faßt Jesus zwei der heiligen Zehn Gebote zusammen: das Gebot: »Du sollst nicht ehebrechen« und einen Teil des zehnten Gebotes: »Du sollst nicht begehren deines Nächsten Frau« (2.Mose 20,14.17). Die Ausführungen Jesu zum Ehebruch sind nur auf dem Hintergrund des Alten Testamentes und der rabbinischen Auslegung des Alten Testamentes zur Zeit Jesu zu verstehen.

1. Der Ehebruch und die Todesstrafe

Nach dem Gesetz des Alten Testamentes wurden Ehebrecher mit dem Tode bestraft. »Wenn ein Mann Ehebruch mit einer verheirateten Frau treibt, wenn er mit der Ehefrau seines Nächsten Ehebruch treibt, so sollen beide, der Ehebrecher und die Ehebrecherin, unfehlbar mit dem Tode bestraft werden« (3.Mose 20,10).

Ganz ähnlich lautet der Gesetzestext in den im 5. Buch Mose überlieferten Vorschriften gegen den Ehebruch (vgl. 5.Mose 22,22).

Die Art der Todesstrafe für Ehebrecher ist nicht näher bezeichnet. Im Zusammenhang mit der Untreue unter Verlobten ist ausdrücklich von der Steinigung die Rede. Die Verlobung im Alten Testament war in der Regel ein Versprechen, das sich Eltern des Paares gaben. Die Eltern sagten sich gegenseitig zu, daß ihre Kinder einmal die Ehe miteinander eingehen werden. Nachdem die Eltern ihre Kinder einander versprochen hatten, standen diese im Stand der Verlobten. Kein anderer Mann durfte ein verlobtes Mädchen begehren. Wurde in eine Verlobung durch den Intimverkehr mit einem anderen Partner eingebrochen, dann wurden die beiden Schuldiggewordenen gesteinigt: »Wenn ein Mädchen, eine Jungfrau, einem Mann verlobt ist und jemand sie innerhalb der Ortschaft trifft und ihr beiwohnt, so sollt ihr sie beide zum Tor der betreffenden Ortschaft hinausführen und sie zu Tode steinigen« (5.Mose 22,23f).

Es bleibt offen, ob bei jedem Ehebruch die Ehebrecher gesteinigt wurden oder ob die Steinigung als Todesart nur dann gewählt wurde, wenn Verlobte die Treue brachen.

Die jüdischen Gelehrten kannten eine Rangfolge in der Schwere der Todesarten: »Von den vier traditionellen Todesstrafen gilt als die schwerste die Steinigung; dann folgt die Verbrennung, dann die Enthauptung, als die leichteste wird die Erdrosselung angesehen« (Billerbeck). Zur Zeit Jesu versuchten die Pharisäer, eine Strafrechtsreform durchzuführen in dem Sinne, daß in allen Fällen, wo im Gesetz nicht ausdrücklich die Steinigung verlangt wird oder die sonstige Art der Todesstrafe vorgeschrieben ist, die Hinrichtung durch Erdrosselung erfolgen sollte. Da die Erdrosselung im Gesetz des Mose nicht vorgesehen ist, leisteten die Sadduzäer erbitterten Widerstand. Sie traten dafür ein, an den allein im Gesetz vorgeschriebenen Todesarten festzuhalten.

Die Entscheidung der Pharisäer kann menschliche (humane), religiöse oder realpolitische Gründe haben. Die Erdrosselung ist die »leichteste« Todesart. Sie hinterläßt keine sichtbaren Spuren, keine Wunden. Der Körper bleibt unversehrt für die Auferstehung erhalten. Dazu kommt, daß spätestens 30 nach Christus die Römer dem obersten Gerichtshof der Juden, dem großen Synedrium, die Blutgerichtsbarkeit entzogen hatten. Das oberste jüdische Gericht durfte zwar Todesurteile fällen, diese aber nicht vollziehen. Die Erdrosselung ist eine geheime, nicht in jedem Fall nachweisbare Hinrichtung. Mit dieser Strafrechtspraxis wollten die Pharisäer die Vorschriften der Römer umgehen.

Abgesehen von der Todesart, hielten die beiden großen jüdischen Parteien zur Zeit Jesu, die Sadduzäer und die Pharisäer, daran fest: Auf Ehebruch steht die Todesstrafe.

2. Der Tatbestand des Ehebruchs nach dem jüdischen Strafrecht zur Zeit Jesu

Die jüdischen Rechtsgelehrten zur Zeit Jesu verhängten nur sehr ungern die Todesstrafe. Um die Vollstreckung der Todesstrafe möglichst auf ein Minimum zu begrenzen, versuchte man im Fall eines Ehebruchs, genau zu bestimmen, wann ein Ehebruch vorlag, der mit der

Todesstrafe gesühnt werden mußte. Dabei stellte eine Gruppe von Gelehrten für den mit dem Tod zu bestrafenden Ehebruch vier Merkmale fest:

(1) Ehebruch liegt nur dann vor, wenn der geschlechtliche Verkehr mit einer fremden Ehefrau oder mit einem Mädchen, das mit einem andern verlobt ist, vollzogen wird.

(2) Mit dem Tode zu bestrafen ist der Ehebruch nur dann, wenn er mit der Ehefrau oder der Verlobten eines Juden begangen wird. Der geschlechtliche Umgang mit einer Nichtisraelitin gilt nur »als schimpflich und ist verpönt« (H. Baltensweiler). Ist die Frau Sklavin, muß nur ein Schuldopfer dargebracht werden (vgl. 3. Mose 19,20-23).

(3) Minderjährige, die noch nicht 13 Jahre und einen Tag (Mädchen: 12 Jahre und einen Tag) alt sind, dürfen nicht mit dem Tode bestraft werden.

(4) Die Tat des Ehebruchs bleibt straffrei, wenn sie in Abwesenheit von Zeugen und ohne vorausgegangene Warnung geschehen ist.

Ehebruch wurde nur dann bestraft, wenn ein geschlechtlicher Verkehr mit einer anderen Frau bzw. der Verlobten eines anderen Mannes nachgewiesen werden konnte, und auch dann gab es noch Sonderbestimmungen.

Dieser Erweichung der strengen Haltung und der formalrechtlichen Bestimmung: »Ehebruch liegt nur bei vollzogenem Geschlechtsverkehr vor« wird im Talmud widersprochen. Wie alt die im Talmud aufgenommenen Worte sind, ist im einzelnen nicht nachweisbar. Sie können ohne weiteres vielleicht in etwas anderer Formulierung bereits zur Zeit Jesu heftig diskutiert worden sein. Im Talmud heißt es:

> »Wer eine Frau mit Absicht anblickt, gilt wie einer, der ihr beiwohnt« (Traktat Kalla 1).

Auch im Judentum gab es früh ein vertieftes sittliches Verständnis des Ehebruchs. Das Talmudwort von dem Blick mit Absicht erinnert an Jesu Wort vom Ehebruch im Herzen.

3. Der Ehebruch im Herzen

In seinem großen Wort vom Ehebruch sagt Jesus: Ehebruch liegt nicht nur dann vor, wenn geschlechtlicher Verkehr mit einem fremden

Ehegatten vollzogen wird, sondern es gibt auch einen Ehebruch im Herzen.

Zum Ehebruch im Herzen kommt es durch den Blick, der zum Begehren führt. Jesus bezeichnet nicht schon den Blick an sich als böse. Er widerspricht auch nicht ausdrücklich der rabbinischen Auffassung, daß das Ansehen einer schönen Frau in den Lobpreis des Schöpfers einmünden kann. Jesus verbietet nicht das Bewundern einer schönen Frau, sondern den Blick, der gekoppelt ist mit dem Begehren. »Nicht der Blick überhaupt wird von Jesus gebrandmarkt, sondern der Blick, um sie zu begehren. Die begehrliche Absicht also entscheidet« (W. Schrage). Von Martin Luther ist das Wort überliefert: »Du darfst jede Frau ansehen und dich an ihr freuen, nur nicht wie deine eigene Frau.«

Ehebruch ist nach Jesu Wort der Blick, der mit der Absicht einhergeht, mit einer Frau außerhalb der Ehe geschlechtlichen Umgang zu haben: »Wer eine Frau auch nur mit Begehrlichkeit ansieht, hat damit schon im Herzen Ehebruch an ihr begangen« (Mt 5,28, nach Menge). Das in der Ursprache stehende Wort Frau (griechisch: gyne) kann drei verschiedene Bedeutungen haben: jede Frau (Mt 9,20; 13,33; 27,55), die Ehefrau (Mt 14,3; 18,25) und die Verlobte (Mt 1,20.24).

Da es zur Zeit Jesu eine ausführliche Diskussion darüber gab, daß eine Frau gleichermaßen wie der Mann durch ihre Begehrlichkeit die Ehe brechen kann, braucht Jesus nicht ausdrücklich zu betonen, daß auch der begehrliche Blick der Frau einem Ehebruch gleichkommt.

Der Blick, der zum Begehren führt, entspricht der Tat. Er ist Ehebruch, der im Herzen geschieht. Ein solcher Tatbestand, der den Ehebruch erfüllt, kann durch Zeugen nicht nachgewiesen werden. Kein Mensch kann in das Herz eines anderen schauen. »Gott aber sieht das Herz an« (1.Sam 16,7). Als Gott seine Gebote gab, ging es ihm nicht allein um einen äußeren Akt im Zusammenleben, sondern um den ganzen Menschen. So gebietet Gott bereits in den heiligen Zehn Geboten nicht nur: »Du sollst nicht ehebrechen«, sondern auch: »Du sollst nicht begehren deines Nächsten Frau« (2.Mose 20,14.17).

Um den Tatbestand, der im Herzen geschieht, geht es auch bei den Verordnungen über die an den Kleidern anzubringenden Quasten:

> »Die Quasten sollen euch dazu dienen, daß ihr bei ihrem Anblick aller Gebote des Herrn gedenkt, um nach ihnen zu tun und nicht von mir abzufallen *nach den Gelüsten eures Herzens und eurer Augen, durch die ihr euch zum Treuebruch verführen laßt«* (4. Mose 15,39).

Die Augen verlocken den Menschen zum Treuebruch. Bereits das Nachblicken mit Absicht, der Blick, der zum Begehren führt, ist Ehebruch. »Ehebruch ist die die Treue verleugnende Begierde« (F. Hauck).

4. Der Widerstand gegen das Handeln, das zum Ehebruch führt

Im Unterschied zu dem Wort vom Töten führt Jesus beim Ehebruch des Herzens keine nachfolgenden Strafen auf (vgl. Mt 5,21-26). Er spricht vielmehr von der Verführung durch das Auge und durch die Hand.

Das Auge steht in einer besonderen Beziehung zur geschlechtlichen Sünde. Das Auge verlockt den Menschen. Es ist das Einfallstor der Begehrlichkeit. Im Talmud ist von ehebrecherischen Augen die Rede: »Du sollst nicht sagen, daß nur der, welcher mit dem Leib die Ehe bricht, ein Ehebrecher genannt wird, auch der, welcher mit seinen Augen die Ehe bricht, wird ein Ehebrecher genannt« (Lev R 23,122b).

Das Judentum weiß aber nicht nur vom Auge und dessen besonderen Beziehung zur geschlechtlichen Sünde, sondern auch von der Hand. Rabbi Elieser (um 90) überliefert folgenden Ausspruch: »Was heißt: ›Eure Hände sind voll Blut‹, Jes 1,15? Das sind diejenigen, die mit der Hand Ehebruch treiben.« Von Rabbi Tarphon (um 100) ist das Wort bekannt: »Wer seine Hand an das Schamglied legt, dessen Hand soll abgehauen werden.«

Nach der jüdischen Lehre im 1. nachchristlichen Jahrhundert sollen unzüchtige Handgriffe dadurch bestraft werden, daß dem mit der Hand Unzucht Übenden die Hand abgehauen wird. Ob die Strafe des Handabhackens tatsächlich vollzogen wurde, ist im Judentum nicht nachweisbar.

In seinem Wort vom Ehebruch im Herzen fordert Jesus nicht die Bestrafung des Ehebrechers durch ein Gericht. Er sagt nicht: Dem, der den Ehebruch im Herzen begeht, muß das Auge ausgerissen und die Hand abgehackt werden, sondern: »Wenn dein rechtes Auge dir zum Fallstrick wird, reiß es aus und wirf es weg von dir... Wenn deine rechte Hand dich zum Bösen verführen will, so haue sie ab und wirf sie weg von dir« (Mt 5,29.30). Der betreffende Mensch soll sich selber das Auge ausreißen und die Hand abhacken.

Mit diesen Aufforderungen gebietet Jesus dem Menschen, mit allen seinen Kräften jedem Handeln, das zum Ehebruch führt, Widerstand zu leisten. Dieser Widerstand »bis aufs Blut« ist nicht durch eine teilweise Selbstverstümmelung zu erreichen. Was nützt es, das rechte Auge auszureißen? Ist das linke nicht genauso Einfallstor der Begierde? Was hilft es, die rechte Hand abzuhacken? Kann ein Mensch nicht auch mit der linken Hand oder mit seinem Armstumpf unzüchtig handeln? Wenn Jesus vom rechten Auge und der rechten Hand redet, so geht es ihm nicht um äußere Gliedmaßen, sondern um die Einstellung des ganzen Menschen. Auch wenn das Wort vom Ausreißen des Auges und vom Abhauen der Hand nicht wörtlich zu verstehen ist, »so ändert dies nichts daran, daß Jesus mit diesem Wort den ganzen Ernst der Situation aufzeigen will« (H. Baltensweiler).

Der Mensch soll alles nur erdenklich Mögliche tun, um dem Ehebruch im Herzen zu widerstehen. Ehebruch ist nicht erst eine »Drittbettbeziehung«, Ehebruch ist auch der Blick, der zum Begehren führt. Ehebruch sind auch die unzüchtigen Handgriffe. Die Tatsache des Ehebruchs liegt nicht erst vor in der geschlechtlich-körperlichen Hingabe an einen anderen Partner, sondern bereits in den alltäglichen »Ehebrüchen« im Herzen eines Menschen.

5. Ehebruch im Zusammenhang der Scheidung und der Heirat eines Geschiedenen

In allen vier Situationen, in denen Jesus von der Ehescheidung spricht, ist auch vom Ehebruch die Rede:

Wenn sich ein Mann von seiner Frau scheidet, trägt er die Schuld am Ehebruch, den die Frau begeht, wenn sie sich wieder verheiratet. Auch der, der eine geschiedene Frau heiratet, begeht Ehebruch (Mt 5,32).

Wenn ein geschiedener Mann eine andere Frau heiratet, bricht er die Ehe (Mt 19,9).

Der Mann, der sich von seiner Frau scheidet, bricht die Ehe *an ihr*. Er begeht *ihr gegenüber* Ehebruch (Mk 10,11).

Der Mann, der seine Frau entläßt und eine andere heiratet, begeht Ehebruch. Auch der ist ein Ehebrecher, der eine Geschiedene heiratet (Lk 16,18).

Mit diesen Worten stellt sich Jesus in schroffen Gegensatz zur alttestamentlichen und jüdischen Anschauung von der Scheidung. Der Scheidebrief sollte ja gerade dazu dienen, einen möglichen Ehebruch zu vermeiden. Der Scheidebrief war eine Freigebungsurkunde, die es dem Mann und der Frau erlaubte, nach der Scheidung zu heiraten, wen immer sie auch wollten. Demgegenüber sagt Jesus: Die Entlassung des Ehepartners, auch wenn sie in der gesetzlich vorgeschriebenen Form geschieht, und eine darauf folgende Wiederheirat sind Ehebruch. Die von Gott dem Schöpfer gestiftete und geordnete Einehe ist unauflöslich. Wer eine Ehe scheidet, macht sich schuldig. Indem Jesus die Scheidung Schuld vor Gott und die darauf folgende Wiederheirat Ehebruch nennt, stellt er die Größe und Heiligkeit der Ehe heraus. Es gibt keine Scheidung und keine Wiederheirat eines Geschiedenen, ohne daß sich die betreffenden Partner gegen Gott versündigen und aneinander schuldig werden.

II. Ehescheidung in Ausnahmefällen

> Ich dagegen sage euch: »Wer sich von seiner Frau scheidet – *außer aufgrund von Unzucht* –, der verschuldet, daß dann Ehebruch mit ihr verübt wird.« Matthäus 5,32
>
> Ich sage euch aber: »Wer sich von seiner Frau scheidet – *es sei denn wegen Unzucht* – und eine andere heiratet, begeht Ehebruch.« Matthäus 19,9
>
> Den Verheirateten gebiete ich – nein, nicht ich, sondern der Herr –, daß eine Frau sich von ihrem Mann nicht scheiden soll; hat sie sich aber doch geschieden, so soll sie unverheiratet bleiben oder sich mit ihrem Mann wieder versöhnen... Wenn jedoch der ungläubige Teil durchaus die Trennung will, *so mag er sich trennen*... 1. Korinther 7,10.11.15

Innerhalb der Texte, in denen Jesus die Ehescheidung verbietet, spricht Jesus zweimal von einem Ausnahmefall, in welchem eine Ehescheidung stattfinden darf (Mt 5,32; 19,9). Auch Paulus rechnet mit der Tatsache einer zerstörten Ehe und faßt die Ehescheidung ins Auge.

1. Ehescheidung im Falle der Unzucht

Die beiden Worte, in denen Jesus die Scheidung im Falle von Unzucht zugesteht, sind unterschiedlich formuliert, der Sinn ist jedoch der gleiche. Die beiden sogenannten Ausnahmeklauseln haben den Wortlaut:
»außer aufgrund von Unzucht«
(griechisch: paektos logou porneias, Mt 5,32)
»es sei denn wegen Unzucht«
(griechisch: mé epi porneia, Mt 19,9).
Die Erklärung dieser Klauseln im Munde Jesu bereitete den Auslegern zu allen Zeiten besondere Schwierigkeiten. Die verschiedenen Deutungsversuche können in drei Gruppen eingeteilt werden:

(1) *Die Klauseln sind im Munde Jesu undenkbar*

Ausgangspunkt dieser Annahme ist die Festlegung: Wenn Jesus die Ehe überhaupt als unscheidbar erklärt hat, dann kann er nicht gleichzeitig von einem Ausnahmefall reden, in dem eine Ehescheidung gestattet ist. Folglich kann die Ausnahmeklausel kein Wort Jesu sein. Es muß sich deshalb um einen späteren Zusatz des Evangelisten Matthäus und seiner Gemeinde handeln. Nicht Jesus, sondern Matthäus und sein Kreis haben in einem ganz bestimmten Fall die Ehescheidung zugelassen, ja eventuell sogar gefordert. Die Ausnahmeklauseln sind eine spätere Einfügung (so H. Baltensweiler).

Dieser Auslegung widerspricht bereits die gute Bezeugung der Ausnahmeklauseln als Worte Jesu in allen alten Texten der Ursprache. Es ist nicht nur zu einfach, schwerverständliche Worte Jesu kurzerhand als spätere Zusätze zu erklären, sondern es ist ein unverantwortlicher Umgang mit den in den Heiligen Schriften bezeugten Worten des lebendigen Gottes. Wer *ein* Wort, das als von Jesus gesprochen überliefert ist, als späteren Zusatz erklärt, kann alle Worte, die nicht in sein Glaubenssystem passen, Jesus absprechen und zur Gemeindeüberlieferung abwerten. Die Ausnahmeklauseln sind unanfechtbare Worte, die Jesus so gesprochen hat.

(2) Die Klauseln beinhalten keine Ausnahmefälle

In den vergangenen Jahrzehnten haben verschiedene katholische Forscher (Staab, Ott, Holzmeister, Vogt und Allgeier) »unter Aufwand von viel philologischem Scharfsinn und mit Heranziehung von möglichst reichem lexikalischen Material« (Delling) versucht zu zeigen, daß die beiden Klauseln nicht »exklusiv«, sondern »inklusiv« zu verstehen sind, das heißt, Jesus erlaubt mit den beiden Klauseln keine Ausnahmen, sondern im Gegenteil, er verbietet durch die Einfügung der Klauseln die Ehescheidung überhaupt. Nach der Meinung der genannten katholischen Forscher müssen deshalb die Worte Jesu folgendermaßen übersetzt werden:

»Ich aber sage euch: Jeder, der sich von seiner Frau scheidet, *wobei auch die Unzucht draußen bleibt und nicht in Betracht kommt,* der verschuldet, daß dann Ehebruch mit ihr verübt wird« (Mt 5,32).

»Ich aber sage euch: Wer sich von seiner Frau scheidet – *er soll sie nicht einmal bei unzüchtigem Verhalten entlassen* – und eine andere heiratet, begeht Ehebruch« (Mt 19,9).

Triebfeder für diese konstruierte Übersetzung ist die Auffassung, daß es einfach keine Ehescheidung geben darf. Diese Übersetzungsversuche sind aber bereits »sprachlich unmöglich« (Hauck), denn »nicht« und »auch nicht« und »nicht einmal« (Mt 19,9) sind auch in der Ursprache des Neuen Testamentes, »im Griechischen ebensogut unterscheidbar wie im Deutschen« (Delling). Wie schwer dies auch zu erklären sein wird, Jesus spricht unzweideutig von einer Ausnahme von dem Scheidungsverbot. Er gibt mit den Klauseln einen Grund an für den Ausnahmefall, in welchem eine Scheidung stattfinden darf.

(3) *Mit den Ausnahmeklauseln erlaubt Jesus unter einer besonderen Bedingung die Ehescheidung*

Der Grund für die Ausnahme vom Scheidungsverbot ist nach Jesu Wort die Unzucht (griechisch: porneia). Für Jesus gibt es keine Scheidung »aus beliebigem Grund«. Wenn überhaupt an Scheidung zu denken ist, dann nur im Falle der Unzucht. Auch die, die ihm nachfolgen, sind nicht ohne Sünde. Auch sie sind gezeichnet von Hartherzigkeit. Auch sie brauchen eine Notordnung für ihre Ehen, die genau wie alle andern vom Zerbrechen bedroht sind. Für Jesus gibt es die Ehescheidung als Notordnung »aufgrund von Unzucht« (Mt 5,32), »im Falle von Unzucht« (Mt 19,9).

Der Begriff »Unzucht« (griechisch: porneia) wurde in der Alten Kirche, bei den Reformatoren und auch in späteren Übersetzungen mit »Ehebruch« (griechisch: moicheia) gleichgesetzt. Man verstand unter Unzucht den außerehelichen Geschlechtsumgang und den damit vollzogenen Ehebruch. Diese Deutung übersieht, daß im Neuen Testament deutlich zwischen Ehebruch (griechisch: moicheia) und Unzucht (griechich: porneia) unterschieden wird. Problematisch wird die Deutung »Unzucht ist gleich Ehebruch« schon dann, wenn man sich an Jesu Wort vom Ehebruch, der im Herzen geschieht, erinnert. »Man wird doch nicht behaupten wollen, daß überall da, wo Matthäus 5,28 zutrifft, auch eine Ehescheidung erlaubt ist« (H. Baltensweiler). Der von Jesus gebrauchte Begriff »Unzucht« (griechisch: porneia) entspricht dem alttestamentlichen Wort »Hurerei« (hebräisch: senunim). Hurerei trieb die Dirne, die Hosea im Auftrag Gottes heiraten mußte. Nachdem Hosea sie für 15 Silberstücke und einen halben Scheffel Gerste gekauft hatte, verlangte er von ihr: »Viele Tage lang sollst du dasitzen, ohne Unzucht zu treiben (hebräisch: sanah), ohne einem Mann anzugehören« (Hos 3,3).

Unzucht, Hurerei, ging auch in der Zeit des Alten Testamentes nicht nur von Frauen, sondern auch von Männern aus. Auf dem Zug durch das Ostjordanland geschah es, daß das Volk anfing zu »huren« (hebräisch: sanah) mit den Töchtern der Moabiter (4.Mose 25,1).

Die überwiegende Zahl der Stellen, die im Alten Testament von Unzucht handeln, bezieht sich auf die Prostitution. Prostituierte verkaufen ihre Geschlechtsorgane. Das griechische Wort »Dirne« (porné) ist abgeleitet von dem Zeitwort verkaufen (pernymi). Prostitution (porneia) ist Unzucht, die eine Ehe zerstört.

Zur Unzucht zählt nach dem alttestamentlichen Gesetz außer der Prostitution auch der widernatürliche Geschlechtsverkehr: Die Homosexualität wird eine »Greueltat« genannt und der geschlechtliche Verkehr mit Tieren eine »schändliche Versündigung« (3.Mose 18,22.23).

Zu den »Unzuchtsünden« aber rechnet das Heiligkeitsgesetz auch das Kindesopfer, die Verunreinigung durch Ehebruch und den geschlechtlichen Umgang mit einer Frau während ihrer Periode (3.Mose 18,19-21). Ehebruch ist immer dann Hurerei, wenn er fortgesetzt oder mit häufig wechselnden Frauen bzw. Männern praktiziert wird. Jesus spricht in der Ausnahmeklausel nicht vom Ehebruch im herkömmlichen Sinn, sondern von Unzucht. Unzucht kann am ehesten wiedergegeben werden mit dem Begriff seelischer und körperlicher Grausamkeit. Diese liegt in folgenden Fällen vor:

a) beim Verkauf des Leibes (Prostitution)[1].

b) bei Homosexualitat. Homosexualitat, genauer Homotropie[2], umfaßt sowohl die Beziehung zwischen zwei Männern als auch zwischen zwei Frauen. Ein fortdauerndes gleichgeschlechtliches Verhältnis ist Unzucht und mit einer Ehe nicht vereinbar.

c) bei dem Verkehr mit Tieren.

d) bei Nichtachtung der Würde der Frau. Die Nichtachtung der Würde eines Ehepartners, unabhängig ob Mann oder Frau, äußert sich in psychischer und physischer Verletzung. Die Schuldskala umfaßt das Aufhören des liebevollen und zärtlichen täglichen Umgangs (= Eros-Zerfall), das sich gegenseitige körperliche Entziehen, Quälereien, Vergewaltigung des Ehepartners bis hin zum seelischen und körperlichen Mord.

e) bei Kindesmißhandlung. Gewalt in der Familie kann nicht nur den Ehepartner, sondern auch das Kind treffen. Übergesetzlichkeit, übertriebener elterlicher Ehrgeiz, aber auch Alkoholismus u.a. sind Ursachen für Kindesmißhandlungen. Seelische und körperliche Grausamkeiten an Kindern zerstören nicht nur das Leben des Kindes, sondern auch die Ehe seiner Eltern.

f) bei fortgesetztem Ehebruch. Ein Ehepartner, der nicht bereit ist, den Kontakt zu einem Menschen zu brechen, mit dem er außerhalb der Ehe geschlechtliche Kontakte unterhält, opfert seine Ehe dieser Beziehung. Eine Ehe kann nur dann aufrechterhalten werden, wenn die beiden Ehepartner wieder in Treue und Liebe zu ihrer Einehe zurückfinden.

1 Siehe Exkurs III: Der Gang zur Dirne (Prostitution).

2 Siehe Bräumer, Lieben wagen, Gleichgeschlechtliche Liebe, S. 170 – 190.

Die Sünden der Unzucht zerfressen und zerstören eine Ehe. Die Scheidung aufgrund von Unzucht ist eine Notordnung. Da es in dieser Welt unmenschliche und tote Ehen gibt und Gott aber »nicht das Leid, sondern das Leben seiner Geschöpfe will, gibt es als *äußerste Möglichkeit* die Scheidung. Wo sie erfolgt, wird Sünde geordnet; aber das Gebot bleibt in Kraft« (M. Seitz). Die Scheidung ist in diesem Fall nichts anderes als »das Begräbnis einer toten Ehe« (Th. Bovet).

2. Ehescheidung bei Religionsverschiedenheit

In seiner Stellung zur Ehescheidung legt Paulus zuerst die Anordnung Jesu aus: »Was Gott zusammengefügt hat, das soll der Mensch nicht scheiden« (Mt 19,6). Er spricht im Namen Jesu, indem er sagt: »Das gebiete nicht ich, sondern der Herr: Die Frau soll sich von ihrem Mann nicht scheiden... und ein Mann soll seine Frau nicht entlassen« (1.Kor 7,10.11).

Entsprechend der von Jesus erlassenen Ausnahmeklausel rechnet Paulus aber auch mit der Möglichkeit einer Scheidung. Er sagt: Im Falle einer Frau gilt: »Hat sie sich aber doch geschieden, dann darf sie nicht wieder heiraten, es sei denn, sie würde zu ihrem geschiedenen Mann zurückkehren« (1.Kor 7,11).

Vermutlich hat Paulus eine bestimmte Frau vor Augen, die sich scheiden ließ, als sie noch Heidin war, nach ihrer Bekehrung der Gemeinde beitritt und damit die Christen in Korinth vor eine bereits geschehene Tatsache stellt. In diesem Fall, so sind die Worte des Paulus zu verstehen, kann sie ohne weiteres in die Gemeinde aufgenommen werden. Für ihr persönliches Leben aber bleibt ihr nur die Möglichkeit, nicht wieder zu heiraten oder aber zu ihrem Mann zurückzukehren.

Im Anschluß an diesen Sonderfall geht Paulus auf die Problematik, die in einer Ehe zwischen einem Heiden und einer Christin entstehen kann, ein. Er behandelt diesen Fall vom Gesichtspunkt des Mannes aus. Für die Scheidung bei Religionsverschiedenheit, sagt Paulus, gibt es kein Wort Jesu. Es bleibt Paulus also keine andere Möglichkeit, als mit eigenen Worten die Stellung Jesu zur Ehescheidung auszulegen.

Dabei ist zunächst festzustellen, daß Paulus auch die Ehe zwischen Heiden und Christen sehr hoch eingeschätzt hat. In einer Ehe zwischen einem Heiden und einem Christen ist der nichtchristliche Ehepartner so sehr mit dem christlichen verbunden, daß er in die Sphäre der Christusheiligkeit miteinbezogen ist. In einer solchen Ehe ist die Gemeinschaft mit Christus stärker als die nichtchristliche Welt. Deshalb soll der christliche Teil mit dem heidnischen die Ehe aufrechterhalten, solange der heidnische Teil damit einverstanden ist. Eine zwischen Partnern verschiedener Religionen geschlossene Ehe darf nur dann geschieden werden, wenn dies der heidnische Teil verlangt und darauf besteht. Im letzteren Fall, erklärt Paulus, ist der christliche Teil frei: »Wenn aber der ungläubige (Teil) sich scheidet, so scheide er sich; der Bruder oder die Schwester ist in solchen Fällen *nicht sklavisch gebunden*, in Frieden hat Gott euch berufen« (1. Kor 7,15).

Mit diesem Wort zur Ehescheidung kann sich Paulus auf das Herrenwort berufen: »Wahrlich, ich sage euch: Es ist niemand, der Haus oder Frau oder Brüder... um des Reiches Gottes willen verlassen hat, der es nicht vielfältig empfangen würde in dieser Zeit und in der zukünftigen Welt das ewige Leben« (Lk 18,29f.). Unter dem Verlassen der Frau ist auch hier nichts anderes zu verstehen als die Ehescheidung. Die Ehescheidungsklausel des Apostels Paulus ist keine Rechtfertigung für ein willkürliches böswilliges Verlassen eines Ehepartners. Die Initiative muß vom heidnischen Partner ausgehen. Verlangt dieser unabdingbar die Scheidung, so sagt dieser sich aus dem Herrschaftsbereich Gottes los. Er trennt sich nicht nur von seinem Ehepartner, sondern von Gott.

III. Vergebung und Neuanfang

> In der Frühe begab sich Jesus wieder zum Tempel, und das ganze Volk kam zu ihm, und er setzte sich und lehrte sie. Da brachten die Schriftgelehrten eine Frau zu ihm, die beim Ehebruch ergriffen war, und sie stellten sie in die Mitte. Dann sagten sie zu ihm: »Meister, diese Frau ist auf frischer Tat beim Ehebruch ergriffen worden. Im Gesetz hat uns Mose geboten, solche zu steinigen. Was sagst du dazu?« Dies sagten sie aber, um ihn zu versuchen, damit sie ihn überführen konnten. Jesus aber bückte sich nieder und schrieb mit dem Finger auf die Erde. Als sie aber dabei beharrten, ihn weiterzufragen, richtete er sich auf und sagte zu ihnen: »Wer von euch ohne Sünde ist, mag als erster einen Stein auf sie werfen.« Und wieder bückte er sich nieder und schrieb auf die Erde. Als sie das hörten, gingen sie einer nach dem andern davon, angefangen bei den Ältesten, und er blieb allein zurück, die Frau aber stand in der Mitte. Da richtete sich Jesus auf und sprach zu ihr: »Frau, wo sind sie? Hat dich keiner verurteilt?« Sie aber sagte: »Keiner, Herr!« Jesus aber sagte: »Auch ich verurteile dich nicht! Geh und sündige von nun an nicht mehr!« Johannes 8,2-11

Es war an einem Morgen des achten Laubhüttenfesttages im Frauenvorhof des Tempels. Während des Laubhüttenfestes übernachteten die Pilger unter freiem Himmel. Die Gesetzeshüter hatten eine Frau beobachtet, wie sie die Ehe brach. Sie ergriffen sie mit der Absicht, ihr den Prozeß zu machen. Von dem am Ehebruch beteiligten Mann ist nicht die Rede. Es bleibt offen, ob die Gesetzeshüter vorhatten, diesen in einem getrennten Verfahren abzuurteilen, oder ob sie, getrieben von einer doppelten Moral, zweierlei Maß anlegten und nur beabsichtigten, die Frau hinzurichten. Auf Ehebruch stand die Todesstrafe für beide am Ehebruch Beteiligten (3.Mose 20,10; 5.Mose 22,22).

Spätestens im Jahre 30 nach Christus aber hatten die Römer dem jüdischen Gerichtshof (dem Synedrium) die Blutgerichtsbarkeit entzogen. Die Frage: »Im Gesetz hat uns Mose geboten, solche zu steinigen. Was sagst du dazu?« sollte Jesus zu einem Fallstrick werden. Bestätigt Jesus das Gesetz, so stellt er sich gegen die Römer. Entscheidet er sich für die römische Anweisung, so tritt er in Widerspruch zum Gesetz des Alten Testamentes. Der Verlauf des Gespräches hat zwei Höhepunkte. Es sind die Worte Jesu: »Wer unter euch ohne Sünde ist, mag den ersten Stein auf sie werfen« (V. 7) und: »Auch ich verurteile dich nicht. Geh und sündige von nun an nicht mehr!« (V. 11).

1. Jesus und die Ankläger

Die Absicht der Ankläger war es, Jesu Stellung zum Gesetz zu testen. Mit der Frau, die sie in die Mitte eines Anklagekreises stellten, hatten sie kein Mitgefühl. Sie war für sie nichts anderes als ein Demonstrationsobjekt. Jesus ging auf die von den Anklägern gestellte Frage nicht direkt ein. Er bückte sich und schrieb auf die Erde, das heißt in den Staub bzw. in den Sand. Bereits der Kirchenvater Hieronymus sah in dieser Geste eine Anspielung auf ein Wort des Propheten Jeremia: »Meine Abtrünnigen, sie werden auf die Erde geschrieben werden« (Jer 17,13). Damit sagte Jesus indirekt zu den Anklägern: Es geht hier nicht allein um die Frau. Auch ihr gehört zu den Abtrünnigen, zu den Gottlosen. Mit dieser Antwort ohne Worte wollte Jesus den Anklägern eine öffentliche Demütigung ersparen. Als diese aber durch ihr Bleiben auf ein Urteil Jesu pochten, sprach Jesus sie öffentlich auf ihre eigene Schuld an. Er sagte: »Wer von euch ohne Sünde ist...« Die Begriffe »Sünde« und »sündigen« können im Neuen Testament dreierlei bedeuten:

(1) die Einzeltat
(2) die Wesensbestimmtheit des Menschen
(3) die Sünde als persönliche Macht.

Im Zusammenhang mit der von den Pharisäern und Schriftgelehrten vorgebrachten Anklage meint Sünde die Einzeltat, und zwar die sexuelle Sünde. Jesus spielte darauf an, daß entweder die Ankläger selbst schon faktisch Ehebruch begangen haben oder aber daß sie sich des Ehebruchs im Herzen (Mt 5,27ff) schuldig gemacht haben. Noch einmal bückte sich Jesus nieder und schrieb auf die Erde. Die Ankläger sahen sich entlarvt und bloßgestellt. Sie gingen davon, einer nach dem andern.

Damit ist nicht nur der Abschluß eines der vielen Streitgespräche Jesu mit seinen Gegnern gekennzeichnet, sondern ein für allemal festgestellt, daß es nicht die Aufgabe eines Menschen ist, über die Schuld eines oder beider Ehegatten zu richten.

2. Jesus und die Ehebrecherin

Noch bevor sich die auf ihre eigene Schuld angesprochenen Ankläger entfernten, bückte sich Jesus zum zweitenmal, um auf die Erde zu schreiben. Die Wiederholung der Zeichenhandlung gilt jetzt zweifellos der im Anklagekreis stehenden Frau. Die Schuld, die sie begangen hat und die ihre Ankläger bezeugen konnten, wird von Jesus nicht einfach weggewischt. Sie hat sich vor Gott und gegen ihren Ehemann bzw. ihren Verlobten versündigt. Dabei ist es nicht entscheidend, ob die Frau verheiratet oder verlobt war. Das Verlobungsversprechen galt im Alten Testament und im Judentum zur Zeit Jesu bereits als bindendes Eheversprechen. Wurde in eine Verlobung durch den Intimverkehr mit einem andern Partner eingebrochen, dann wurden die beiden Schuldiggewordenen gesteinigt (5.Mose 22,23f). Da das Gesetz die Steinigung als einzige Todesstrafe nennt, kann es sich auch um eine verheiratete Frau gehandelt haben (vgl. Hes 16,38-40). Fest stand, die Frau war schuldig geworden, sie blieb im Anklagekreis stehen. Letzteres heißt, sie stand zu ihrer Schuld und wartete auf ihre Verurteilung. Dabei machte sie keinerlei Versuche, ihre Schuld abzuschieben. Sie sprach nicht von dem Mann, mit dem sie den Ehebruch begangen hatte. Sie klagte diesen mit keinem Wort der Verführung an. Sie entschuldigte sich auch nicht damit, daß sie die Situation der Festfreuden und der Übernachtungen in den Laubhütten unter freiem Himmel schilderte. Sie blieb im Anklagekreis stehen und bekannte sich damit zu ihrem persönlichen Schuldiggewordensein. Auf dieses Bekenntnis ihrer Schuld hin sprach Jesus die Worte: »Auch ich verurteile dich nicht! Geh und sündige von nun an nicht mehr!« (V. 11).

Als Jesus zu den Anklägern sagte: »Wer von euch ohne Sünde ist, mag als erster einen Stein auf sie werfen« (V. 7), hatte er im rechtlichen Sinn die Steinigung im Fall der überführten Frau anerkannt. Sein

Wort: »Auch ich verurteile dich nicht!« ist auf diesem Hintergrund ein Ausdruck seiner Vollmacht. »Ich verurteile dich nicht!« im Munde Jesu heißt: Ich tue in freier Entscheidung das, was nur Gott zukommt: freizusprechen im umfassenden Sinn! Die Hoheit Jesu erweist sich in seiner Macht, Sünden zu vergeben und damit den Sünder freizusprechen (vgl. Mk 2,10).

Der Sündenvergebung voraus ging das Schuldbekenntnis der Frau. Sie blieb im Anklagekreis stehen und erwartete den verdienten Urteilsspruch. Der Freispruch trifft sie unvorbereitet und ist uneingeschränkt. Die Folge der Vergebung, die die Frau empfangen hat, ist die Ermöglichung eines neuen Lebens. Dieses neue Leben steht unter dem Wort Jesu: »Geh und sündige von nun an nicht mehr!« Die Ehebrecherin kann und darf weiterleben. Die Vergebung ist »ein schaffendes Handeln Gottes« (G. Koch). Mit der Vergebung setzte Jesus für die Ehebrecherin den Neuanfang.

Der Freispruch der Ehebrecherin und der in der Vergebung gründende Neuanfang erinnert an den Freispruch der Sünderin im Haus des Pharisäers Simon (Lk 7,36-50). Zu ihr sagte Jesus: »Dein Glaube hat dir geholfen. Geh hin in Frieden!« (V. 50). Von jener Frau heißt es: Sie lebte in der Stadt als »Sünderin« (V. 37). Die Pharisäer wußten, wer und was das für eine Frau war (V. 39). Sie war eine stadtbekannte Dirne.

Der Glaube der Frau wurde sichtbar in ihrer Umkehr. Sie »weinte und benetzte Jesu Füße mit Tränen..., dann küßte sie seine Füße und salbte sie mit Myrrhenöl« (V. 38). Ihr Glaube begann mit den Tränen der Umkehr und mündete ein in die Anerkennung Jesu als Herrn über ihr Leben. Letzteres bewies sie durch das Küssen der Füße Jesu. Der Fußkuß ist der »Huldigungskuß« (F. Hahn).

Auch die Ehebrecherin, die Jesus im Tempelvorhof der Frauen zu einem neuen Leben befreite, sprach Jesus mit »Herr« an. Als Jesus sie fragte: »Hat dich keiner verurteilt?«, antwortete sie: »Keiner, Herr!« (Joh 8,11). Diese Anrede ist mehr als eine Höflichkeitsfloskel. Sie sagte nicht Rabbi, Meister, Richter, sondern Herr, Kyrios, Herrscher! Die Vergebung, die Jesus zuspricht, ist nicht ein verhallendes Wort. Vergebung schafft die Voraussetzung für einen Neuanfang.

IV. Die Wiederheirat Geschiedener

Wer eine geschiedene Frau heiratet, begeht Ehebruch.

Matthäus 5,32

Wenn jedoch der ungläubige Teil durchaus die Trennung will, so mag er sich trennen. In solchen Fällen ist der Bruder oder die Schwester nicht sklavisch an eine Ehe gebunden; vielmehr hat Gott uns zu einem Leben in Frieden berufen.

1. Korinther 7,15

Im Alten Testament war die Wiederheirat Geschiedener eine Selbstverständlichkeit.[1] Im Neuen Testament findet sich kein Text, der ausführlich zur Wiederheirat Geschiedener Stellung nimmt oder diese sogar erlaubt.

In seinen Worten zur Ehe klammert Jesus die Tatsache einer zerstörten Ehe und die Ehescheidung nicht aus. Dabei spricht er aber auch indirekt von Wiederheirat: *»Wer eine Geschiedene heiratet, begeht Ehebruch«* (Mt 5,32; vgl. Mt 19,9; Mk 10,11f; Lk 16,18).

Wenn eine Scheidung vollzogen ist, so sagt Paulus, bleiben zwei Wege: die Wiederversöhnung oder der Verzicht auf die Ehe (1.Kor 7,11). Da die Ehe eine Bindung bis zum Tode ist, ist der Partner, mit dem eine Ehe geschlossen wurde, aus dem Leben des Geschiedenen nicht einfach wegzudenken. »Die Wiederverheiratung ist auch ein Handeln an der alten Ehe und bedeutet den letzten Schritt zur endgültigen Absage an die Wiederversöhnung« (E. Wilkens). Was aber soll geschehen, wenn der Weg zur Wiederversöhnung durch einen oder beide geschiedenen Partner so verbaut ist, daß keinerlei Möglichkeit des Wiederzueinanderfindens besteht? Ist in einem solchen Fall der Geschiedene »sklavisch an seine Ehe gebunden« (1. Kor 7,15)? Muß er in jedem Fall unverheiratet bleiben? Oder ermöglicht ihm die Berufung »zu einem neuen Leben in Frieden« (1. Kor 7,15) nicht doch noch einmal eine zweite Ehe unter Gottes Segen? Auf diese Frage gibt das Neue Testament keine Antwort. In der Beantwortung dieser Frage sind die Christen zu allen Zeiten gespalten.

1. Die offene Frage

Eheschließung mit geschiedenen Partnern ist keine Erscheinung der Neuzeit. Sie gab es zu allen Zeiten. Offen sind allein die Fragen: »Ist eine solche Eheschließung auch vor Gott eine gültige Ehe? Darf eine

1 Siehe oben B II: Die Wiederheirat nach einer Scheidung.

Ehe im Fall, daß beide oder einer der beiden Partner geschieden sind, innerhalb eines Traugottesdienstes unter den Segen Gottes gestellt werden?«

(1) *Antworten in der Alten Kirche*

Zur Zeit des griechischen Kirchenvaters Origines (184–254 n. Chr.) gab es Bischöfe, die einer Frau bei Lebzeiten ihres Mannes die Wiederheirat gestatteten. Diese kirchliche Handhabung nannte Origenes schriftwidrig. Eine solche Ehe sei keine wirkliche, sondern nur eine scheinbare Ehe. Die von Origenes angegriffenen Bischöfe stellten die einmal Geschiedenen, die eine zweite Ehe eingingen, unter den kirchlichen Segen, »um größeres Übel zu verhindern«.

Bischof Basilius aus Caesarea in Kappadozien (329 – 379 n. Chr.) forderte, man solle die unrechtmäßigen Gatten, wenn sie sich nicht trennen können, nach Ableistung der öffentlichen Buße unbehelligt lassen.

Der lateinische Kirchenvater Augustinus (354 – 430 n. Chr.) bezeichnet die Wiederheirat Geschiedener als Sünde. Er hält jedoch die Wiederheirat nach einer Scheidung aufgrund von Unzucht für eine geringere Sünde.

Im wesentlichen stimmten die Väter der Alten Kirche darin überein, daß die Verbindung Geschiedener nicht als Ehe betrachtet werden kann, daß sie aber zu dulden ist, »um Ärgeres zu verhüten« (Basilius).

(2) *Antworten zur Zeit der Reformation*

Martin Luthers Antworten auf die Frage nach der Wiederheirat Geschiedener sind nicht eindeutig. Er neigte dazu, die Wiederheirat unschuldig Geschiedener freizugeben. In späterer Zeit jedoch finden sich auch bei ihm Aussagen, die dem Christen sogar die Ehescheidung verwehren und folglich jede Wiederheirat untersagen.

Philipp Melanchthon dagegen hielt das Verbot einer Heirat unschuldig Geschiedener als ungerechtfertigt.

(3) *Die neuere Diskussion in der Römisch-katholischen Kirche*

Die Römisch-katholische Kirche spricht wie die östliche Kirche der Ehe sakramentalen Charakter zu. In der nachreformatorischen Zeit hält das Konzil von Trient (1563) an der Ehe als gnadenwirkendes Sakrament fest. Diese Entscheidung wird auch grundsätzlich im 2. Vatikanischen Konzil (1962-1965) bestätigt. Das Sakrament kommt »durch die Kundgabe des Ehewillens zustande, durch die ein Bund geschlossen wird, dessen Bedingungen nicht durch die Vertragspartner bestimmt werden können, sondern sich aus dem vorgegebenen Sinn und Zweck der Ehe ergeben« (W. Molinsky).

Die gemeinsame Synode der Bistümer der Bundesrepublik Deutschland (1974/75) geht in dem Beschluß »Ehe und Familie« von der Ehe als Sakrament aus: »Christus hat nicht allein die ursprüngliche Ordnung der Ehe wiederhergestellt, sondern sie sakramental geheiligt und ihr dadurch eine neue Würde und Weihe gegeben. Durch das Sakrament empfangen die Gatten die Kraft, als christliche Eheleute zu leben... Der Blick auf die Gnade Christi gibt Mut, von der Ehe als Sakrament zu sprechen, auch wenn ihre sichtbare Verwirklichung oft hinter Christi Angebot zurückbleibt. Die Gemeinschaft der Kirche muß viel Sorge darauf verwenden, ihren in einer Ehe lebenden Gliedern zu helfen. Sie darf, will sie dem Auftrag ihres Herrn Jesus Christus treu bleiben, keine Ehe scheiden.«

Ist eine Ehe gescheitert, so ist eine Wiederheirat zu Lebzeiten des Ehegatten ausgeschlossen. Gehen Geschiedene eine neue »Zivil-Ehe« ein, ist diese Verbindung kein Sakrament und folglich keine gültige Ehe. »Die in einer ungültigen Ehe und in ihrem sexuellen Verhalten wie Eheleute lebenden Menschen begehen permanent Ehebruch an ihrem früheren rechtmäßigen Ehepartner und laden damit dauernd schwere Schuld auf sich.« Sie dürfen an den Sakramenten der Kirche nicht teilnehmen. Gott bleibt ihnen aber, wie den Büßern der Alten Kirche, in seinem Wort, im Gebet und in der Liturgie zugewandt.

Die absolute Bindung bei einer Eheschließung und die daraus entstehenden Folgen gelten nach der römisch-katholischen Lehre aber nur für die sakramentale Ehe, nicht für eine standesamtlich oder innerhalb einer evangelischen Kirche geschlossenen Ehe. Daraus »ergibt sich nicht selten die als skandalös empfundene Tatsache, daß Partner aus solchen Ehen nach einer Scheidung ›ohne weiteres‹ die Möglichkeit zu einer kirchlichen Eheschließung haben« (F. Böckle).

In dem Beschluß »Ehe und Familie« der gemeinsamen Synode der Bistümer wurden aber auch die Argumente derer aufgeführt, die für eine Kirchliche Trauung Geschiedener eintreten. Die Befürworter einer Zulassung wiederverheirateter Geschiedener zur kirchlichen Eheschließung begründen ihre Haltung mit folgenden vier Punkten:

a) Schuldhaft begangenes Unrecht kann bereut und nach der Verheißung Jesu vergeben werden.

b) Den ehrlichen Willen zur notwendigen Wiedergutmachung kann es auch dann geben, wenn an dem durch schuldhaftes Tun hervorgebrachten Zustand nichts mehr zu ändern ist, ja nichts mehr geändert werden darf. Dies trifft immer dann zu, wenn die faktisch bestehende neue Verbindung zu einer sittlich verpflichtenden Bindung geworden ist.

c) Wo die Partner ihr Sexualethos an eine dauerhaft betrachtete und bejahte Bindung knüpfen, »so unterscheidet sich das wesentlich von einer wahllosen Inanspruchnahme von Sexualität außerhalb einer am Leitbild christlicher Ehe orientierten Bindung.«

d) »Wenn jene von der Eucharistie ausgeschlossen werden, die ihre Schuld bereut und nach Kräften gutgemacht haben, jetzt aber glauben, nicht anders handeln zu dürfen, so würde Reue und Umkehr von der Gemeinde nicht ernst genommen, es würde ihnen faktisch nicht vergeben werden.«

Dabei waren sich die Synodalen bewußt, daß eine Klärung der offengebliebenen Fragen nur in Übereinstimmung mit der Gesamtkirche gesucht und gefunden werden kann. Sie baten deshalb die Deutsche Bischofskonferenz, die dringend notwendige Klärung weiterzubetreiben und baldmöglichst ein Votum in dieser Frage an den Papst weiterzuleiten. Unabhängig davon beabsichtigte die Synode, den Papst darum zu bitten, eine pastoral befriedigende Lösung herbeizuführen.

(4) *Antworten im evangelischen Raum*

Im evangelischen Raum wird es zu keiner Zeit, da es kein offizielles Lehramt gibt, eine für alle Kirchen und Freikirchen allgemeinverbindliche Lösung geben. Die Entscheidung über die Gewährung der Trauung Geschiedener ist eine biblisch-theologische Entscheidung und ist weithin dem seelsorgerlichen Ermessen des Geistlichen überlassen. In den verschiedenen Landeskirchen wird, wie aus den Kirchlichen Ordnungen aus den 50er Jahren zu ersehen ist, im Blick auf die Kirchliche Trauung Geschiedener zu äußerster Zurückhaltung geraten.

a) *Die »Ordnung des kirchlichen Lebens« der Vereinigten Ev.-luth. Kirche Deutschlands vom 27. April 1955*

In ihr heißt es:

Die Kirche muß »dem biblischen Zeugnis von der Unauflöslichkeit der Ehe Rechnung tragen. Das seelsorgerliche Bemühen wird darauf gehen, den Geschiedenen zur Rückkehr in ihre Ehe oder zum Verzicht auf eine neue Ehe zu helfen. Die Kirchliche Trauung kann darum Geschiedenen in der Regel nicht gewährt werden«.

Kommt ein Pfarrer in geistlicher Entscheidung unter dem Wort Gottes zur Überzeugung, daß er die Trauung Geschiedener vor Gott verantworten kann und es wagen darf, gegen die Grundregel der Nichtgewährung einer zweiten Trauung zu handeln, hat er darauf zu achten, daß »die Glaubwürdigkeit der Verkündigung nicht Schaden leidet und der Gemeinde Christi kein Ärgernis gegeben werde«. Im Interesse eines gleichmäßigen kirchlichen Handelns soll der betreffende Pfarrer die endgültige Entscheidung von der Zustimmung vorgeordneter Organe abhängig machen. Er soll sich beraten, ohne das Beichtgeheimnis zu brechen!

Wie eine solche Beratung bei Wahrung des Beichtgeheimnisses aussieht, ist jedoch nicht gesagt!

b) *Die »Ordnung kirchlichen Lebens« der Evangelischen Kirche der Union vom 6. Mai 1955*

Hier werden im Blick auf die Wiedertrauung Geschiedener einige in Einzelheiten gehende Richtlinien gegeben. Die Regel ist auch für die Kirche der Union, die Wiedertrauung Geschiedener zu verweigern.

Kommt ein Pfarrer zu der Entscheidung, es auf Gottes Gnade hin zu wagen, gegen diese Regel zu handeln, hat er »dabei zu prüfen, ob der geschiedene Teil seine *Mitschuld* an der Auflösung der Ehe erkennt, sie bereut und gewillt ist, die neue Ehe im Gehorsam gegen Gottes Gebot zu führen«.

c) *Der Ratschlag der Ev.-ref. Kirche in Nordwestdeutschland*

Dieser »Ratschlag« sieht keine Ausnahmemöglichkeit von der Regel der Versagung der Trauung Geschiedener vor. »Eine Wiedertrauung Geschiedener kann nicht angeraten werden. Jesus Christus sagt: ›Was Gott zusammengefügt hat, soll der Mensch nicht scheiden.‹ Daher mag eine Ehe, die von Menschen geschieden ist, in Gottes Augen noch bestehen.«

Es bleibt die Möglichkeit – mit Zustimmung des Kirchenrates –, sich unter Gottes Wort zu einem besonderen Dienst der Fürbitte zusammenzufinden. Aufgebot und die Eintragung ins Trauregister fallen weg. »Es ist eine besondere Liste über diese Fälle anzulegen.«

d) *Die »Ordnung Kirchlicher Trauung« der Württembergischen Landeskirche vom 27. Juli 1957*

Hier heißt es in dem einschlägigen Abschnitt (§ 7):

(1) »Die Kirchliche Trauung wird in der Regel nicht gewährt, wenn ein geschiedener Ehegatte wieder heiratet.« (2) »In seelsorgerlich begründeten Fällen kann auf Wunsch beider Brautlaute vom Dekanatsamt eine stille Trauung genehmigt werden.«

Was unter einer »stillen Trauung« zu verstehen ist, findet sich in den zugehörigen Ausführungsbestimmungen vom 8. Juli 1959: »Stille Trauung bedeutet, daß die Trauung in zurückhaltender Form gehalten wird. Der Teilnehmerkreis soll familiär bestimmt sein; die Einladung der Gemeinde durch Glockengeläut unterbleibt herkömmlich. Auf Brautzug und besondere Ausschmückung der Kirche wird verzichtet, desgleichen auf öffentliche Bekanntmachung und entsprechende Hochzeitsfeier.« Eine Verwechslung mit dem Traugottesdienst ist auf jeden Fall zu vermeiden. Auf keinen Fall darf das Traugelübde ein zweites Mal zugelassen werden.

Diese »stille Trauung« trägt dem Rechnung, was Wolfgang Trillhaas in seiner Ethik (2. Aufl. 1965) fordert. Trillhaas geht davon aus, daß eine Verbindung, die Geschiedene miteinander eingehen, nicht »als Ehe im Vollsinn« gelten kann. Solche Ehen dürfen folglich auch nicht den Segen der Kirche, »als seien sie Ehen nach christlicher Regel und christlichem Sinn«, erhalten. In einer Gemeinde müssen solche Verbindungen »getragen« werden, »ohne daß man ihnen eine christliche Trauung zugesteht«.

Mit dieser Entscheidung und der »stillen Trauung« gibt es in der Gemeinde eine Trauung im Vollsinn des Wortes und eine Trauung minderen Grades. Wer sich mit dem Vorschlag einer »Zweitklassentrauung« nicht abfinden mag, steht nach wie vor vor der offenen Frage, ob Geschiedenen in jedem Fall eine Kirchliche Trauung zu versagen ist oder ob nicht doch eine andere Lösung gefunden werden kann.

In seinem Matthäus-Kommentar kommt Gerhard Maier bei der Auslegung der Stelle Matthäus 5,31f zu folgendem Ergebnis: Der geschiedene Teil soll ehelos bleiben, bis der andere sich wieder verheiratet. »Dann allerdings ist die erste Ehe beseitigt, entsprechend dem Ehebruch, und auch für den Partner die Möglichkeit einer zweiten Heirat vorhanden.«

Was aber ist mit Geschiedenen, deren Partner nicht mehr heiraten und statt dessen in einer Ehe ohne Trauschein leben oder ihre Triebe durch häufig wechselnden Geschlechtsverkehr ausleben oder aber ein homosexuelles bzw. lesbisches Verhältnis eingehen?

Hier beginnt für den betroffenen Partner und ihre Seelsorger ein kaum lösbarer Gewissenskonflikt. Es ist das Hin-und-her-gerissen-Sein zwischen Jesu Wort: »Wer eine Geschiedene heiratet, der bricht die Ehe« und dem Ringen um einen Neuanfang nach einer einmal zerbrochenen Ehe.

2. Schritte auf dem Weg zu einer möglichen Bejahung der Trauung Geschiedener

Ein Seelsorger, der sich nach langem Ringen für die Trauung Geschiedener entschließt, kann sich bei seiner Entscheidung auf kein Wort des Neuen Testaments berufen, in dem ausdrücklich eine Wiedertrauung erlaubt ist. Er wird dem Seelsorger, der unter Berufung auf Jesu Wort grundsätzlich die Trauung Geschiedener verweigert, mit

Ehrfurcht und Hochschätzung begegenen. Wenn er selbst Geschiedene vor Gottes Altar traut, »tut er es nicht im Namen irgendeines Rechtes oder eines erfüllten Gesetzes, sondern im Namen der Vergebung durch das Kreuz Jesu Christi, die auch die Sünde der Scheidung reinwaschen kann« (Th. Bovet).

(1) Die uneingeschränkte Geltung der Vergebung

Die in Jesu Sühnetod gründende Vergebung gilt für *alle* Sünden. Sie umfaßt die Sünden der Gedanken und des Begehrens in gleicher Weise wie die zur Tat gewordene Schuld. Für die Vergebung gibt es keine Ausnahmeklausel!

a) *Vergebung des Ehebruchs*

Ehebrecher, die zu Jesus kamen, wurden nicht zurückgestoßen. Die Pharisäer hätten jene »stadtbekannte Dirne« (Lk 7,37) am liebsten des Hauses verwiesen. Jesus erkannte das Anliegen der Frau. Sie suchte die Umkehr und bekannte sich zu Jesus als ihrem Herrn.[1] Zu der Sünderin sagte Jesus: »Deine Sünden sind dir vergeben« (Lk 7,48). Den Pharisäern zugewandt, erklärte Jesus: »Ihre vielen Sünden sind ihr vergeben, denn sie hat viel Liebe erwiesen« (Lk 7,47).

Diese nicht leicht zu verstehende Aussage Jesu besagt: »Gott muß ihr ihre Sünden, so viele es sind, vergeben haben, weil sie so große dankbare Liebe erweist« (J. Jeremias).

Gott setzt alles daran, so erklärt Jesus im Gleichnis vom verlorenen Schaf, daß kein »Verirrter« verlorengeht (Mt 18,12-14). Selbst das abgestufte Gemeindezuchtverfahren, das bis zum Ausschluß aus der Gemeinde führen kann (Mt 18,17), gipfelt in der »grenzenlosen Vergebungsbereitschaft« (W. Schrage). Im Anschluß an das Wort Jesu zur Gemeindezucht fragte Petrus, ob es nicht einen Punkt gäbe, an dem die Grenze der Vergebung erreicht sei. Jesus antwortete ihm: Petrus, du mußt dich völlig neu orientieren. Es reicht »nicht, siebenmal zu vergeben, sondern siebzigmal siebenmal« (Mt 18,22).

Wer Jesus nachfolgt, steht unter dem Gebot der grenzenlosen Vergebungsbereitschaft Jesu. Vergebung ermöglicht einen Neuanfang (vgl. Mt 5,43-48; 18,28ff; Lk 6,35f; Joh 8,11). »Vergebung ist nicht nur das Durchstreichen des Geschehenen, sondern auch das Schaffen neuen Lebens« (W. Bienert).

Als Jesus im Vorhof des Tempels die Sünderin freisprach, verbot er ihr mit keinem Wort die Eheschließung mit ihrem Verlobten oder, falls sie bereits verheiratet war, die Fortsetzung ihrer Ehe. Er sagte der

1 Zur Auslegung von Lk 7,36-50 siehe oben: Jesus und die Ehebrecherin, C III,2.

Frau, die sich zu ihrer Schuld und zu Jesus als ihrem Herrn bekannte, lediglich: Beginn ein neues Leben! »Geh und sündige von nun an nicht mehr« (Joh 8,11).[1]

Ehebruch ist für Jesus kein Scheidungsgrund. Die sogenannte Ausnahmeklausel für eine Ehescheidung lautet nicht: »es sei denn wegen Ehebruch« (griechisch: moicheia), sondern: »es sei denn wegen Unzucht« (griechisch: porneia, Mt 19,9). Ehebruch und Unzucht sind in der Ursprache »deutlich verschiedene Handlungen« (Bo Reicke). Unzucht ist Ehebruch dann, wenn dieser vom Ehebrecher bewußt fortgesetzt und gewollt und nicht aufgegeben wird.[2] Es gibt keinen Hinweis im Neuen Testament, daß ein Mensch, der einmal in eine fremde Ehe eingebrochen ist, danach nicht einen anderen Partner heiraten darf.

Ein Seelsorger, dem in einem Traugespräch von einem der Brautleute ein Ehebruch bekannt wird, kann nicht deshalb schon das Traubegehren der zu ihm Gekommenen ablehnen. Er wird vielmehr auf die Umkehr, die Beichte und die Macht der Vergebung verweisen. Ist die Vergebung Gottes zugesprochen und haben sich die Brautleute untereinander vergeben, gibt es kein Hindernis für eine Trauung vor Gottes Altar.

b) *Vergebung im Falle vorehelicher Beziehungen*

Bedingt durch die sexuelle Freizügigkeit und mangelnde biblische Unterweisung, hat die Mehrzahl derer, die die Trauung begehren, bereits voreheliche sexuelle Kontakte. Viele von ihnen hatten nicht nur mit ihren Verlobten, sondern mit andern Partnern, mit denen sie einmal befreundet waren, sexuellen Verkehr. Dazu kommen die von manchen propagierten Probe-, Probier- und Testehen sowie die Lebensgemeinschaften ohne Trauschein.

Für Paulus gibt es keinen im Unverbindlichen bleibenden Geschlechtsverkehr, keine intime Beziehung ohne Folgen. Ein Mißstand in Korinth veranlaßte Paulus aufzuzeigen, welche Folgen vor Gottes Angesicht eine intime Beziehung zweier Menschen hat: »Wißt ihr nicht, daß, wer sich an eine Dirne *hängt*, ein Leib mit ihr ist? Es heißt ja (1. Mose 2,24): ›Die beiden werden ein Fleisch sein‹« (1. Kor 6,16).

Unter den Christen in Korinth war die Meinung verbreitet: Eine körperliche Verbindung mit einer Dirne hat keine weiteren Folgen. Es ist ein Bedürfnis des Körpers und nichts anderes als ein physischer Vorgang. So »pilgerten« auch die Christen in die Oberstadt von Korinth. Warum sollten nur Fremde und Nichtchristen das Vergnügen ha-

1 Zur Auslegung von Joh 8,11 siehe oben C III,2.

2 Siehe oben zur »Ehescheidung im Falle der Unzucht«, C II,1.

ben? Warum sollten sie von dem, was auf Akrokorinth geboten wurde, ausgeschlossen sein?

Im großen Heiligtum der Aphrodite auf Akrokorinth gab es zahlreiche Gebäude, in denen Dirnen zu Ehren der Liebesgöttin wohnten. Nach den Schriften Strabos (etwa 63 v. – 26 n. Chr.) standen tausend Dirnen zur Verfügung. Die Griechen hatten im allgemeinen an dem körperlichen Verkehr mit solchen Mädchen nichts auszusetzen. Ein geflügeltes Wort der griechischen Popularphilosophie lautet: »Begierden sind etwas so Natürliches wie Essen und Trinken, deshalb braucht sich dessen niemand vor niemandem und in keiner Weise zu schämen.« Andere philosophische Schulen lehrten: »Alles ist erlaubt. Die sittliche Kraft bleibt überlegen und erhalten. Das sexuelle Leben ist nur etwas Äußeres.«

Hier widerspricht Paulus mit einer Schärfe ohnegleichen: Die geschlechtliche Vereinigung ist nicht mit dem Verschlingen von Nahrung zu vergleichen, sondern auch im sexuellen Verkehr mit der Dirne vereinigt sich Person mit Person. Nicht nur zwei Körper, sondern zwei Personen treten untereinander in wesenhafte Verbindung.

Um jeden Zweifel auszuschließen, daß es keinen Geschlechtsverkehr gibt, der ohne Folgen ist, beschreibt Paulus den Verkehr mit der Dirne mit den alttestamentlichen Fachausdrücken: »an ihr hängen« und »ein Leib mit ihr werden«. In Matthäus 19,5 heißt es unter Bezug auf 1. Mose 2,24: Ein Mann wird Vater und Mutter verlassen und an seiner Frau *»hängen«*, wörtlich: »an seiner Frau kleben«; und in 1. Korinther 6,16 schreibt Paulus: Wer sich an eine Dirne *»hängt«*, das heißt »an einer Dirne klebt«, der ist ein Leib mit ihr. Es heißt ja: die beiden werden ein Fleisch sein (1. Mose 2,24).

Das griechische Wort »hängen«, »haften an« (kollasthai), heißt in seiner Grundform soviel wie »zusammenleimen, zusammenfügen, verbinden«.

Wer eine intime Beziehung eingeht, bindet sich, er ist »angeleimt«. Gilt dies sogar vom Umgang mit einer Dirne und dem diese aufsuchenden Mann, wieviel mehr von einem Mädchen oder einem jungen Mann, die sich dem Partner hingeben, der persönlich geliebt wird!

Sexualität zielt ihrem Wesen nach auf Endgültigkeit und Ausschließlichkeit. Der Sexualverkehr ist deshalb allein der Ehe als totaler und dauernder Lebensgemeinschaft vorbehalten.

Voreheliche sexuelle Kontakte mit wechselnden Partnern sind in den meisten Fällen eine nicht zu unterschätzende Belastung für eine spätere Ehe. Ein Ehepartner, der vor der Ehe mit andern sexuelle Verbindungen eingegangen war, ist erfahrungsgemäß schneller zu außerehelichen Kontakten bereit als der Mann oder die Frau, die mit dem ganzheitlichen Einswerden bis nach der Eheschließung gewartet haben. Der voreheliche Verkehr ist nicht einfach als »Kostümprobe« für eine dauernde Lebensgemeinschaft zu bewerten. Das Sprichwort, »keine Katze im Sack zu kaufen«, ist vielen zum Verhängnis geworden.

Wer eine intime Beziehung eingegangen ist, ist an den Sexualpartner nach den Worten des Paulus »angeleimt«, das heißt, der Partner, mit dem einmal eine Sexualbeziehung bestanden hat, ist nicht mit einem Federstrich aus dem Leben zu streichen! Voreheliche Beziehungen sind ein Verstoß gegen die von Gott gesetzte Ordnung der Ehe. Paulus rechnet den vorehelichen Verkehr zu den »Unzuchtsünden«. Er schreibt: »Ein Mann tut gut, überhaupt keine Frau zu berühren; aber um der Vermeidung der Unzuchtsünden willen mag jeder seine Ehefrau und jede ihren Ehemann haben« (1. Kor 7,1.2). Dabei ist die Ehe für Paulus nicht ein »notwendiges Übel« oder ein »Sicherheitsventil«, sondern »der vom Schöpfer gewiesene Weg, die Sexualität des Menschen in geordneten Bahnen zu halten und Mann und Frau vor geschlechtlicher Zügellosigkeit zu bewahren« (W. Schrage). Da Paulus diese Worte an solche richtet, die ehelos sind, versteht er unter der im Neuen Testament ohne Wenn und Aber abgelehnten Sünde der Unzucht nicht nur den außerehelichen, sondern auch den vorehelichen Verkehr.

Unter vorehelichen Beziehungen ist aber nicht allein das »Ausprobieren mit wechselnden Partnern« zu verstehen, sondern auch die Vorwegnahme des Ein-Fleisch-Werdens von Verlobten vor der Eheschließung. Nicht wenige Ehepartner belastet der Gedanke, daß sie sexuelle Kontakte hatten, bevor ihre Ehe von Gott gestiftet und gesegnet war.

Voreheliche Beziehungen – welcher Art sie auch immer sind – sind angesichts der grenzenlosen Vergebungsbereitschaft Gottes kein Grund, das Traubegehren zweier Brautleute zurückzuweisen. Der Seelsorger zeigt im Traugespräch auf, daß es für die Vergebung keine Ausnahmeklausel gibt. Das offen geführte Traugespräch ist ein Beichtgespräch, das einmündet in die Beichte und den Empfang des Heiligen Mahles innerhalb des Traugottesdienstes. Dieser Teil des Traugottesdienstes dient der Bereinigung der Vergangenheit. Nach einer Stillen Beichte, die die Beichte im Traugespräch umfaßt, wird dem Paar öffentlich die Vergebung zugesprochen. Dann erst folgt die Segnung der Ringe und des Paares.

Der Zuspruch der Vergebung und der Empfang des Heiligen Mahles sind für die Brautleute die Ermöglichung eines Neuanfangs. Sie können ihre Ehe beginnen, ohne daß die Schuld der Vergangenheit mit in ihre Ehe hineingenommen wird. Die empfangene Vergebung und die Besiegelung der Vergebung durch das Abendmahl sind ein Handeln Gottes. Auf diesen neuschaffenden Akt Gottes können sich die Eheleute in Stunden der Anfechtung und Not berufen.

(2) *Vergebung und Neuanfang nach einer zerbrochenen Ehe*

Vergebung gibt es nicht nur im Falle von Ehebruch und vorehelichen Beziehungen. Das Angebot der Vergebung gilt auch zwei Menschen, die in Worten und Taten so aneinander schuldig geworden sind, daß ihre Ehe zerbrochen ist. Soweit besteht unter allen Auslegern des Neuen Testamentes und in den Kirchlichen Ordnungen Übereinstimmung. Für die Vergebung gibt es keine Ausnahmeklausel. Kein verantwortlicher Seelsorger wird sich das Recht anmaßen, über die Schuld von Ehegatten zu richten, deren Ehe zerstört und geschieden ist. »Wer von euch ohne Sünde ist, der mag als erster einen Stein werfen« (Joh 8,7).

So bleibt nur die Frage, ob eine geschiedene Ehe in jedem Fall ein Hindernis für einen Neuanfang in einer zweiten Ehe ist! Zwei Menschen können nach einem vorausgegangenen Ehebruch oder nach vorehelichen Beziehungen auch mit wechselnden Partnern nach Empfang der Vergebung eine Ehe vor Gott schließen. Müssen Geschiedene die Folgen ihrer Schuld bis zu ihrem Lebensende oder zumindest bis zum Tod des einen Ehegatten tragen?

Wer diese Frage stellt, hört als erstes die Worte Jesu, daß Ehebruch begeht, wer eine Geschiedene heiratet (Mt 5,32; 19,9; Mk 10,12; Lk 16,18); ferner die Aufforderung des Apostels Paulus: Der Geschiedene soll sich wieder versöhnen oder ehelos bleiben (1. Kor 7,10f). Aufgrund dieser Worte empfiehlt die Württembergische Landeskirche in ihren Ausführungsbestimmungen zur Kirchlichen Ordnung der Trauung, selbst die »stille Trauung« nur in Ausnahmefällen zu gewähren. Der Seelsorger soll alles daransetzen, Geschiedene zur Zurücknahme des Traubegehrens zu bewegen. Stimmen diese nicht zu, so kann ein seelsorgerlicher Dienst außerhalb der gottesdienstlichen Räume angeboten werden. Dieser Dienst soll sich auf eine Ansprache und auf ein gemeinsames Gebet beschränken.

Die »stille Trauung« ist, wie ihr privater Charakter zeigt, keine öffentliche Bestätigung einer Lebensgemeinschaft ohne Trauung. Dennoch wird durch das fürbittende Handeln des Pfarrers die Wiederversöhnung mit dem geschiedenen Teil als nicht mehr möglich betrachtet und zumindest indirekt die eheähnliche Gemeinschaft anerkannt. Es ist die Legitimierung eines Zusammenlebens zweier Menschen, aber noch nicht unbedingt ein Neuanfang unter Gottes Segen, denn ein Neuanfang hat zwei Voraussetzungen:

a) Bekenntnis der eigenen Schuld, Reue und der Empfang der Vergebung.

b) die mit der Umkehr gebotene notwendige Wiedergutmachung.

Das erste ist allen Geschiedenen möglich!

Die notwendige Wiedergutmachung aber ist auch bei ehrlichem und vollem Willen nicht zu verwirklichen, wenn sich der andere geschiedene Teil nicht, durch Jesu Wort bezwungen, vom Weg der Schuld abkehrt und ein neues Leben beginnt; außerdem wenn einer oder beide der geschiedenen Partner bereits mit einem andern vor dem Standesamt eine zweite Ehe geschlossen haben und damit rechtlich verpflichtende Bindungen eingegangen sind.

Eine Wiedergutmachung im Sinne der Rückkehr zum geschiedenen Ehegatten kann es unter diesen Bedingungen nicht geben. Die aus schuldhaftem Tun hervorgegangene Scheidung ist in solchen Fällen nicht mehr rückgängig zu machen.

Jede ganzheitliche Verbindung eines Geschiedenen mit einem anderen Partner widerspricht der Ordnung Gottes. Die Trauung Geschiedener bringt Ordnung in diese Unordnung und ist damit eine Notordnung. Notordnungen erlaubten Jesus und Paulus (Mt 5,32; 19,9; 1. Kor 7,15), um die willkürliche Scheidepraxis zu beenden. Die Trauung Geschiedener bringt Ordnung in die Unordnung der eheähnlichen Gemeinschaften. Auch wenn es für die Notordnung der Trauung Geschiedener kein direktes Wort Jesu und des Apostels gibt, so können die Botschaft von der Befreiung und die Zusage eines Lebens in Frieden den Seelsorger dazu ermutigen, eine Trauung Geschiedener zu erwägen.

(3) *Befreiung und Leben in Frieden*

Der von Jesus Erlöste ist ein befreiter Mensch. Zu der Sünderin im Hause des Pharisäers Simon sagte Jesus: »Geh hin in Frieden« (Lk 7,50), das heißt, nach dem Zuspruch der Vergebung begann für die von ihrer Schuld Freigesprochene ein neues Leben.

Zu der verlobten oder auch verheirateten Frau, die bei einer geschlechtlichen Beziehung mit einem anderen Mann ertappt worden war, sagte Jesus: »Geh und sündige von nun an nicht mehr« (Joh 8,11). Jesus schloß sich nicht dem von den Pharisäern geforderten Strafgericht der Steinigung an. Er ermöglichte der Sünderin, die vor ihm stehengeblieben war und so ihre Schuld bekannt hatte, einen neuen Anfang. Er setzte sie frei zu einem neuen Leben. Sie war nicht mehr sklavisch an ihre Schuldübertretung gebunden. Sie konnte neu anfangen. Die Vergebung setzte für sie eine neue Zeit. Sie konnte ihren Verlobten heiraten oder aber weiter in ihrer Ehe leben.

Ihre Ehe war danach keine Ehe »zweiten Grades«, sondern ein öffentlicher Neuanfang nach der Vergebung.

In seinen Ausführungen zur Ehescheidung sagt Paulus: »Wenn aber der ungläubige Teil durchaus die Trennung will, so laß ihn sich scheiden. In solchen Fällen ist der Bruder oder die Schwester nicht sklavisch gebunden (griechisch: dedoulotai). Zu einem Leben in Frieden hat euch Gott berufen« (1. Kor 7,15).

Ausgangspunkt seiner Überlegungen war für Paulus die Ehe, die zwei Nichtchristen miteinander geschlossen haben. Während ihrer Ehe kommt ein Partner zum Glauben. Dieser kann aber nicht schon deshalb die Scheidung aus »Glaubensgründen« verlangen. Er soll vielmehr alles tun, um mit dem nichtglaubenden Ehegatten zusammenzubleiben, denn dieser kann durch ihn »geheiligt«, gesegnet werden (1. Kor 7,12-14). Tritt jedoch der Fall ein, daß der nichtglaubende Teil die Bekehrung des andern mit allen sich daraus ergebenden Folgen mit Füßen tritt und auf Scheidung drängt, dann soll dieser in die Scheidung einwilligen. Die Ehe ist für ihn *keine sklavische Bindung*. Gott hat ihn zu einem Leben in Frieden berufen.

Friede bedeutet hier wie überall in der Bibel ganzes und heiles Verhältnis mit Gott. Der Schuldiggewordene lebt, nachdem ihm die Vergebung zuteil wurde, wieder in einer ungetrübten Beziehung zu Gott.

Mit der Vergebung der Sünden hört die sklavische Bindung auf. Paulus bürdet dem verstoßenen Ehepartner – genausowenig wie Jesus der Sünderin (Joh 8) – eine lebenslang zu tragende Last auf. Das Leben eines Geschiedenen, der die Vergebung Jesu erhalten hat, ist ein freies Leben in Frieden. Dieses freie Leben in Frieden kann auch bedeuten, daß ein Geschiedener nicht in jedem Fall unverheiratet bleiben muß.

Gerade Menschen, die als Nichtglaubende geheiratet haben, erleben es nicht selten, daß ihre Verbindung durch die Bekehrung des einen Teils zerbricht und daraufhin der Weggang des andern Teils erfolgt. In diesem Fall ist nach Paulus der »verstoßene« Ehepartner nicht *sklavisch* gebunden. »Wenn der nichtgläubige Teil die Bekehrung des andern samt den sich daraus ergebenden geistlichen und sittlichen Folgerungen nicht annehmen kann und sich daraufhin von seinem christlich gewordenen Ehegatten trennt, dann steht es diesem frei, sich wieder zu verheiraten« (M. Thurian).

Auch für Menschen, die ihre Ehe geschlossen haben, bevor sie zum Glauben an Jesus Christus kamen, ist es unverständlich, daß sie bei einem Traubegehren nach vorausgegangener Scheidung unter Kirchenzucht gestellt werden sollen. Max Thurian nennt ein solches Vorgehen »gefährlich«, auch wenn es unter »dem Vorwand der Treue zur Bibel« geschieht.

3. Das Traugespräch mit Geschiedenen und die Trauung Geschiedener

Das bestimmende Thema eines Traugespräches, bei dem einer oder beide, die die Trauung begehren, geschieden sind, ist nicht die Kirchenzucht, sondern die biblische Lehre von der Unscheidbarkeit der Ehe.

Das Zerbrechen einer Ehe steht immer im Gegensatz zu Gottes ursprünglichem Schöpferwillen. Es ist Sünde, wenn Ehen gebrochen und geschieden werden. Dies gilt auch für Scheidungen, die sich auf die einschränkende Klausel Jesu (außer bei Unzucht) berufen können. Die Ausnahmeklausel trägt der Tatsache Rechnung, daß es seit dem Sündenfall keine »ungebrochene« Schöpfungsordnung mehr gibt. Die Schöpfung ist gefallen, die Sünde ist in die Welt hereingebrochen. Deshalb wird es aber auch, solange die Welt besteht, Scheidungen geben.

Zum lehrhaften Teil des Traugespräches gehört auch die Feststellung, daß in vielen Fällen Pfarrer bereit sind, »zu leicht und manchmal zu leichtfertig Ehen einzusegnen« (M. Thurian). Wenn der Seelsorger im Traugespräch nicht eindeutig von der Unscheidbarkeit der Ehe spricht, macht er sich schuldig vor Gott und vor den Menschen. Manche Pfarrer gehen sogar so weit, daß sie aus eigenen Stücken oder auf Bitten der Brautleute die Worte »bis der Tod euch scheidet« aus dem Trauversprechen streichen. Die Ersatzformulierungen lauten: »solange euch Gott euer gemeinsames Leben schenkt« oder sogar: »solange es gut geht.«

Wo immer das bindende Versprechen der »Treue bis zum Tod« wegfällt, wird das Wort Jesu: »Was Gott zusammengefügt hat, das soll der Mensch nicht scheiden« (Mt 19,6) außer Kraft gesetzt.

(1) *Das Traugespräch mit Geschiedenen*

Jedes Traugespräch ist ein Beichtgespräch, in dem Ehebruch vor der Ehescheidung oder voreheliche Beziehungen vor Gott bekannt und geordnet werden. Die Mitte des Traugespräches mit Geschiedenen ist die Schuld der zerbrochenen Ehe.

»Freilich muß sich jeder Seelsorger darüber klar sein, daß zu einer solchen Seelsorge in Ehesachen zwei Eigenschaften nötig sind, die er nur von Gott erbitten kann, nämlich Mut und Takt. Mut ist nötig, weil er ja nicht dazu da ist, die Meinung und Wünsche der Menschen zu bestätigen, und Takt ist nötig, weil er nicht dazu gesandt ist, um die Menschen vor den Kopf zu stoßen oder ihre verschwiegensten Dinge der Öffentlichkeit zu überantworten. Er muß auch dort, wo er biblische und christliche Wahrheit gegen den Menschen geltend zu machen hat, schon durch die Art seines Verfahrens sichtbar machen, daß er als

Freund und Helfer der Menschen, als Bote der ›Menschenliebe Gottes, unseres Heilandes‹ (Tit 3,4), tätig ist« (W. Trillhaas).

Im Traugespräch mit zwei Partnern, von denen einer oder beide eine geschiedene Ehe hinter sich haben, muß der Seelsorger deutlich machen, daß Gottes Gnade keine Schleuderware, sondern teure Gnade ist. Das unter dem Beichtsiegel stattfindende Seelsorgegespräch macht es möglich, daß das Schuldbekenntnis nicht im unverbindlich Allgemeinen steckenbleibt. In einem solchen Gespräch wird in keiner Weise das Gebot Gottes außer Kraft gesetzt, aber die Sünde wird geordnet. Nach dem Beichtgespräch entscheidet der Pfarrer vor Gottes Angesicht, ob er die Vergebung zusprechen kann (Absolution) oder im Namen Jesu die Sünde behalten muß (Retention).[1]

Das Traugespräch mit Geschiedenen kann deshalb einen doppelten Ausgang haben:

die Verweigerung der Trauung und die Trauung Geschiedener.

Die Entscheidung, die Trauung zu verweigern, kann und darf sich nicht einfach an dem alten Scheidungsgesetz orientieren, nach dem es »schuldig« und »unschuldig« Geschiedene gab. An einer zerbrochenen Ehe kann der angeblich schuldlose Teil durchaus die größere Schuld tragen. Vor Gott ist die mangelnde Willigkeit zur Vergebung schwere Schuld. Im Falle der nichtvorhandenen Bereitschaft zu vergeben gilt Jesu Wort: »Wenn ihr den Menschen nicht vergebt, so wird euch euer himmlischer Vater eure Verfehlungen auch nicht vergeben« (Mt 6,15). Es gibt wohl keine Ehescheidung, in der nicht, wenn auch in unterschiedlicher Weise, beide Ehepartner vor Gott und voreinander schuldig wurden. Eine Trauung Geschiedener kann es nur geben, wenn der geschiedene Teil seine Schuld bekennt und auch bereit ist, dem an ihm Schuldiggewordenen zu vergeben. Es ist die Aufgabe des Seelsorgers, den Geschiedenen zur Erkenntnis seines Mitschuldigseins an der Ehescheidung zu führen. Nur wo dieses gelingt, gibt es auch die Möglichkeit, dem Schuldigen in seinem Verhältnis zu Gott wieder zurechtzuhelfen. In seinem Gespräch läßt sich der Seelsorger von dem Wort des Apostels Johannes leiten: »Wenn wir behaupten, keine Sünde zu haben, so betrügen wir uns selbst, und die Wahrheit ist nicht in uns. Wenn wir aber unsere Sünden bekennen, so ist er treu und gerecht, daß er uns unsere Sünden vergibt und uns von aller Ungerechtigkeit reinigt. Wenn wir behaupten, nicht gesündigt zu haben, so machen wir ihn zum Lügner, und sein Wort ist nicht in uns« (1.Joh 1,8-10).

Ein Geschiedener, der eine Wiedertrauung wünscht, darf auch nicht darauf verzichten, seinem geschiedenen Partner gegenüber seine

1 Vgl. Bräumer, Das Sakrament der Beichte, S. 55-59.

Schuld einzugestehen und ihn um Verzeihung zu bitten. Wenn dies, aus welchen Gründen auch immer, nicht in einem gemeinsamen Gespräch geschehen kann, bleibt immer noch der Weg eines persönlichen Briefes. Sind all die Schritte gegangen, hat der Seelsorger keinen Grund, den Geschiedenen *nicht* von seiner Schuld freizusprechen. Die Sünde der Scheidung wiegt nicht schwerer als alle anderen Sünden! Nach dem Zuspruch der Vergebung ist es nicht mehr die Aufgabe des Seelsorgers, dem Geschiedenen weitere Lasten aufzubürden. Es bleiben auch so noch genug Lasten, die ein Geschiedener zu tragen hat, da ihn die inneren und äußeren Zeichen seiner Scheidung in seinem Leben nie mehr verlassen.

(2) *Die Trauung Geschiedener*

Kommt ein Seelsorger zur Entscheidung, Geschiedene wieder zu trauen, so ist diese Trauung kein Haus- oder Winkelgottesdienst. Es ist ein Traugottesdienst in der Gemeinde. Verschweigt ein Pfarrer bei der Trauung Geschiedener die Gebote und Weisungen Jesu, wird er zum Ritus- und Religionslakaien. Er macht sich schuldig vor Gott und schuldig vor Menschen.

Die Kirchliche Trauung Geschiedener spricht deshalb einen sogenannten *»Vorhalt«* aus (G. Hennig). Dieser kommt zum Ausdruck in speziellen Formulierungen innerhalb des Traugottesdienstes. Der gesamte Ablauf des Traugottesdienstes ist dadurch geprägt, daß es sich nicht um eine erste Trauung handelt, sondern um einen Neuanfang nach einer vorausgegangenen zerbrochenen Ehe. Die Scheidung wird nicht verschwiegen. Einzelheiten werden jedoch nicht genannt, um den oder die Geschiedenen nicht bloßzustellen. Der »Vorhalt« nimmt Bezug auf das unter dem Beichtsiegel geführte Traugespräch. Die vor den Traualtar Tretenden werden so nicht beschämt, und die anwesenden Gemeindeglieder werden nicht zu Richtern aufgerufen. Die Schuld, durch die die erste Ehe zerbrochen ist, bleibt Beichtgeheimnis.

In der Trauung Geschiedener haben die Stille Beichte, der öffentliche Zuspruch der Vergebung für die bekannte und bereute Schuld sowie der Empfang des Heiligen Abendmahls die zentrale Stellung schlechthin. In diesem Teil des Traugottesdienstes wird ausdrücklich darauf hingewiesen, daß es für die Vergebung keine Ausnahmeklausel gibt. Mitte der Verkündigung ist die Botschaft zur Befreiung und zu einem Leben in Frieden.

Wer das Scheitern einer Ehe als eine Geschichte der Sünde und der göttlichen und menschlichen Vergebung erlebt hat, »den kann auch eine zweite Trauung in eine solche Tiefe der Gottesnähe führen, daß er nun erst weiß und sagen kann, was Gnade ist« (G. Hennig).

Die Texte, die bei der Trauung Geschiedener verlesen werden, sind dieselben Texte wie bei jeder Trauung.[1] Nach der Schriftlesung über die Unscheidbarkeit der Ehe (Mt 19,4ff) wird folgender Abschnitt eingefügt:

> »Die Ehe ist also nach Jesu Wort unauflöslich. Wo auch Christen an dieser Ordnung schuldig geworden sind, müssen *wir (!)* uns vor Gott beugen. ›Wenn du, Herr, Sünden anrechnen willst, Herr, wer will vor dir bestehen?‹ Gottes Vergebung aber kann uns einen Neuanfang unter seiner guten Lebensordnung schenken. Dazu verhelfe euch Gott.«

Die Traufragen lauten:

> »Nachdem ich euch im Namen Gottes die Vergebung zugesprochen habe und Gott euch einen Neuanfang ermöglicht hat, frage ich euch vor Gott und dieser Gemeinde: N.N., willst du N.N., den Gott dir anvertraut, als deinen Ehemann lieben und ehren (die Gott dir anvertraut, als deine Ehefrau lieben und ehren), die Ehe mit ihm (ihr) nach Gottes Gebot und Verheißung führen in guten wie in bösen Tagen, bis der Tod euch scheidet, so antworte: Ja, mit Gottes Hilfe.«

Diese Traufrage und das Versprechen vor Gott dürfen auch im Traugottesdienst Geschiedener nicht fehlen. Es ist das heilige Versprechen an dem von Gott ermöglichten Neuanfang. Der Segen über die ineinandergefügten Hände lautet:

> »Gott hat euch einen Neuanfang geschenkt.
> ›Was Gott zusammengefügt hat, das soll
> der Mensch nicht scheiden‹ (Mt 19,6).«

Hier steht dem geschiedenen Teil noch einmal wie beim Trauversprechen das ganze Trümmerfeld der zerbrochenen und geschiedenen Ehe vor Augen. Um so größer aber ist die Sehnsucht nach dem Gottessegen:

> »Der Segen Gottes des Vaters,
> des Sohnes und des Heiligen Geistes
> komme über euch
> und bleibe bei euch jetzt und immerdar.«
> »Friede † sei mit euch« (Joh 20,19 b).

Ein Pfarrer, der eine solche Trauung Geschiedener vollzieht, tut dies nicht aufgrund einer direkten Weisung oder eines Gebotes Jesu. Er tut es allein in der Hoffnung auf Gottes Barmherzigkeit und in der

1 Siehe oben: Der Eheschluß ist ein unaufhebbares Handeln Gottes, A III,2.

Gewißheit, daß Gottes Vergeben ein neuschaffendes Handeln ist. Bei einer Trauung Geschiedener ist und bleibt es das Gebet des Pfarrers:

> »Wenn du, Herr, Sünden anrechnen willst,
> o Herr, wer kann bestehen?
> Doch bei dir ist die Vergebung,
> daß man dich fürchte« (Ps 130,3).

Exkurs I

Die Spekulation über ein ursprüngliches Zwitterdasein des Menschen (oder: Der Mensch als androgynes Wesen)

In seinem Gespräch mit den Pharisäern zitiert Jesus den grundlegenden Satz aus der Schöpfungsgeschichte:

> »Gott schuf den Menschen nach seinem Bilde,
> nach dem Bilde Gottes schuf er ihn;
> *als Mann und als Frau schuf er sie.*«
>
> 1. Mose 1, 27; vgl. Matthäus 19,4

Mit diesem direkten Bezug auf das Schöpfungsgeschehen weist Jesus jede Annahme zurück, als sei der Mensch ursprünglich als Zwitterwesen geschaffen. Die Gedankenspielerei (Spekulation), der Mensch habe am Anfang der Schöpfung beide Geschlechter in sich vereinigt in Gestalt eines sogenannten »androgynen Wesens«, widerspricht dem Schöpfungsbericht der Bibel. Die Lehre vom androgynen Menschen ist das Produkt heidnischer Religionen.

Am bekanntesten ist die im alten Ägypten in Heliopolis entstandene Schöpfungslehre. In einem Text aus Heliopolis wird beschrieben, wie die Gottheit Atum, der »Allgott, der durch sich selbst existiert«, durch Selbstzeugung die Urelemente Shu (Luft, Leere = männlich) und Tefnut (Feuchtigkeit = weiblich) hervorbringt. Die Zeugung der Welt durch Atum ist u.a. in einem Pyramidentext wiedergegeben, der an den Innenwänden der Pyramide Mer-ne-Re und Pepi II. (2400 v. Chr.) in Form eines Gebetes geschrieben steht: »O Atum, du warst am Urhügel, flogst empor als Vogel, spiest aus den Shu und Tefnut... Du legtest deine Arme um sie als die Arme des Ka (Lebenskraft), denn deine Ka war in ihnen.«

Die Entstehung der Götterwelt in Ägypten aus dem androgynen Atum sieht wie folgt aus:

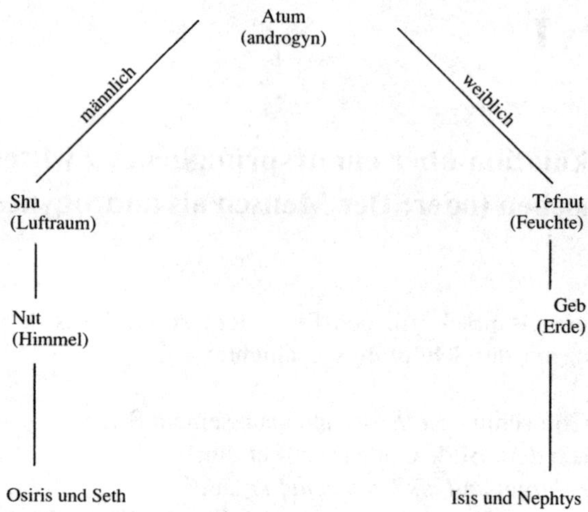

Am Anfang stand ein Zwitterwesen. Das Gegenüber von männlich und weiblich entwickelte sich erst im Laufe der Geschichte. Am Ende der Zeiten wird es wieder eine Rückbildung zum Zwitter geben.

Die Vorstellung, daß auch der Mensch ursprünglich ein Zwitterwesen war und bei der Vollendung der Welt auch wieder zum Zwitter umgestaltet wird, findet sich in den Lehren der Sekten (Gnosis) zur Zeit des Neuen Testamentes. Sie ist entfaltet im sogenannten Naasener-Evangelium. Das Naasener-Evangelium erklärt die Stelle: »Da ist nicht mehr... Mann und Frau« (Gal 3,28) folgendermaßen: Der neue Mensch ist der Mann und Frau in sich vereinigende Mensch (griechisch: arsenothelus).

Auch in der rabbinischen Literatur gibt es Stellen, nach denen der Schöpfungsbericht: »Gott schuf den Menschen als Mann und als Frau« so gedeutet wird, als ob mit der Formulierung »Mann und Frau« ein ungeschlechtlicher Einheitsmensch gemeint sei. »Als Gott den ersten Menschen schuf, schuf er sie als Mannweib (griechisch: androgynos). Das meinen die Worte Genesis 5,2: ›Als Mann und Frau schuf er sie‹« (Rabbi Jermeja ben El'azar, um 270).

In der christlichen Literatur des 19. Jahrhunderts taucht diese Lehre wieder auf in den Schriften Johann Michael Hahns: »Gott schuf nur Einen Menschen ungetheilt in beiden Tinkturen. Wenn der Schöpfer nur Einer, eine Dreieinigkeit ist, so ist der, den er schuf in seinem Bild, auch ein solcher, eine männliche Jungfrau in Einem Bilde. Es sollte sich gleicherweise das Bild Gottes, der Mensch, mit dem wirkenden Theil durch's Leidende offenbaren... Betrachte den Menschen vor dem Falle! Ein wahres Zwittergeschöpf, mit beiden Tinkturen begabt, nämlich der männlichen und weiblichen. Hier sah Gott sein wahres Ebenbild, das Bild seiner Herrlichkeit.«

Die Konsequenzen der aus den fremden Religionen stammenden Lehre sind weitreichend: Mann und Frau – so nehmen die Anhänger der androgynen Spekulation an – waren nicht zwei, sondern eine Person, eine »männliche Jungfrau«, und nur in dieser Form war der Mensch Bild Gottes. Mit dem Auseinandertreten in zwei Geschlechter ging die Ebenbildlichkeit verloren.

Die Sexualität ist demnach nicht gottgewollt. Alles Sexuelle liegt außerhalb der Gottebenbildlichkeit. Vor allem Geschlechtlichen steht ein negatives Vorzeichen, das jeden Inhalt wertet, und dieses Vorzeichen heißt Sünde.

Die Annahme, Gott habe den Menschen als Zwitterwesen geschaffen, ist schon deshalb unmöglich, da in der zitierten Schöpfungsstelle die beiden Worte für Mann und Frau ihre geschlechtliche Verschiedenheit betonen: »Als Mann und Frau schuf er sie« heißt wörtlich: »Er schuf sie männlich und weiblich.« Im Urtext stehen hier nicht die üblichen Worte für Mann und Frau (hebräisch: 'isch und 'ischschah), sondern zwei Begriffe, die die Schöpfung in den beiden Geschlechtern bezeugen (hebräisch: sachar und nekebah). Johann Albrecht Bengel übersetzt drastisch: Er schuf sie als »Mannsbild« und als »Weibsbild«!

Exkurs II

Die Schwagerehe (Levirat)

> »Wenn Brüder beisammen wohnen und einer von ihnen stirbt, ohne einen Sohn zu hinterlassen, so soll sich die Ehefrau des Verstorbenen nicht nach auswärts an einen fremden Mann verheiraten, sondern ihr Schwager soll zu ihr eingehen und sie zu seiner Frau nehmen und die Schwagerehe mit ihr vollziehen; der erste Sohn aber, den sie dann gebiert, soll auf den Namen seines verstorbenen Bruders (in die Geschlechtsregister) eingetragen werden, damit dessen Name in Israel nicht ausstirbt. Wenn aber der Mann sich nicht dazu verstehen will, seine Schwägerin zu heiraten, so soll seine Schwägerin ans Tor zu den Ältesten hingehen und sagen: ›Mein Schwager weigert sich, den Namen seines Bruders in Israel fortzupflanzen; er will die Schwagerehe nicht mit mir eingehen!‹ Dann sollen die Ältesten der betreffenden Ortschaft ihn rufen lassen und ihm Vorstellungen machen; und wenn er trotzdem darauf besteht und erklärt: ›Ich bin nicht geneigt, sie zu heiraten!‹, so soll seine Schwägerin vor den Augen der Ältesten zu ihm hintreten, soll ihm den Schuh vom Fuß ziehen, ihm ins Angesicht speien und laut ausrufen: ›So soll es dem Mann ergehen, der das Haus seines Bruders nicht bauen will!‹ Mit einem Spottnamen soll dann sein Haus in Israel die ›Barfüßerfamilie‹ heißen.« 5. Mose 25,5-10

In alttestamentlicher Zeit gibt es einen Sonderfall der Ehe mit mehreren Frauen, die sogenannte Schwagerehe (Levirat). Die Schwagerehe, das Levirat, ist ein Gebot des Alten Testaments, gegeben für den Fall, daß ein Mann stirbt, bevor er einen männlichen Nachkommen hat. Im Alten Testament bedeutet, keine Nachkommenschaft zu hinterlassen, soviel wie »persönlicher Tod« (R. Patai). Der Name eines kinderlos verstorbenen Mannes wurde aus Israel »ausgerottet« (E. König). Eine verwitwete, kinderlos gebliebene Frau mußte von dem Bruder des Verstorbenen geheiratet werden, um den »Namen seines Bruders in Israel fortzupflanzen« (5. Mose 25,7).

Die Voraussetzung für die Schwagerehe ist die seit Lamech im Alten Testament praktizierte Polygynie. Sie hat ihren Grund in einer Gesellschaftsordnung, in der ein Mann mehrere Frauen heiraten kann.

Nur so kann er sich, unabhängig seines Ehestatus' mit der Witwe seines kinderlos gebliebenen Bruders verehelichen. Das Gesetz, daß ein Mann, der die Frau seines Bruders zur Frau nimmt, ein »Blutschänder« ist (3. Mose 20,21), gilt nur, solange der Bruder lebt. Die kinderlos gebliebene Bruderwitwe muß von ihrem Schwager (lateinisch: levir) geheiratet werden.

Zur Zeit der Erzväter war die Schwagerehe bereits Schwagerpflicht. Die Witwe hatte das Recht, Nachkommen zu bekommen, um den Namen ihres Mannes zu erhalten. Dies ist der Hintergrund der Geschichte der Verbindung zwischen Juda und Thamar (1. Mose 38). Thamars erster Mann Ger war kinderlos verstorben. Onan, der die Schwagerpflicht wahrzunehmen hatte, wollte zusammen mit Thamar keinen Sohn erzeugen, der nicht seinen eigenen Namen trug, sondern Sohn Gers genannt wurde. Onan praktizierte den Koitus interruptus. Onans Handeln widersprach dem gebotenen Brauch der Leviratsehe. Er starb auf Jahwes Eingreifen. Nach dem Tod Onans hatte Juda Thamar seinen dritten Sohn Schela verweigert. Deshalb verschaffte sich Thamar selbst ihr Recht. Sie setzte sich an den Straßenrand – wie eine Dirne –, das heißt, »sie trat auf, daß niemand wußte, wer sie war, jedoch jeder, was sie war« (G. H. Mostar). Als Dirne getarnt, wurde sie schwanger durch ihren Schwiegervater Juda.

Eine zweite im Alten Testament bekannte Leviratsehe ist die Ehe zwischen Ruth und Boas. Ruth war eine kinderlose Witwe. Ihr verstorbener Mann hatte keinen Bruder. Damit lag das Levirat beim nächsten Angehörigen. Auf dem Feld bei Bethlehem bat Ruth Boas um die Verlobung (Bedecken mit seinem Gewand): »Als er nun fragte: ›Wer bist du?‹, antwortete sie: ›Ich bin Ruth, deine Magd; breite also den Zipfel deiner Decke über deine Magd aus; denn du bist Löser für mich!‹« (Rut 3,9). Die Bitte, mit dem Zipfel der Decke bedeckt zu werden, bedeutet soviel wie: Heirate mich!

Der Prophet Hesekiel beschreibt den Brauch der Schwagerehe in Form eines Gleichnisses: »Als ich nun wieder an dir vorüberkam und dich sah, siehe, da war deine Zeit da, die Zeit der Liebe! Da breitete ich meinen Mantelzipfel über dich aus und bedeckte deine Blöße; ich schwur dir Treue und ging einen Bund mit dir ein – so lautet der Ausspruch des Herrn –, und du wurdest mein« (Hes 16,8).

Boas wußte um das Recht und die Pflicht des Levirats. Er befragte zunächst den unmittelbar mit Ruth Verwandten. Im Tor vollzog der Verwandte den Akt des Abtretens Ruths, die sogenannte Chaliza. Danach heiratete Boas Ruth. Ruth wurde – wie auch Thamar – eine der Stamm-Mütter Jesu (Mt 1,3.5).

Die Schwagerehe ist unter den Völkern des Alten Orients weit verbreitet. Gesetze dafür gab es bereits bei den Sumerern, Assyrern und den Hetitern. Die größte im Altertum anzutreffende Ähnlichkeit zum alttestamentlichen Gesetz findet sich bei den alten Iranern. Für sie galt: »Wenn ein Mann stirbt, ohne männliche Nachkommenschaft zu hinterlassen, so haben die Leute den Fall zu prüfen. Wenn er eine Frau hinterläßt, so verheiraten sie sie an seinen nächsten Verwandten. Wenn er keine Frau hinterläßt, verheiraten sie seine Tochter oder die am nächsten verwandte Frau an den am nächsten verwandten männlichen Angehörigen der Familie. Wenn keine Frau aus seiner Familie da ist, freien sie mit dem Geld des Verstorbenen eine Frau für seine Familie und verheiraten sie an irgendeinen männlichen Verwandten. Das Kind aus einer solchen Ehe wird als Abkömmling des Verstorbenen betrachtet. Wer immer diese Pflicht versäumt und sie nicht erfüllt, der tötet unzählige Seelen, da er die Nachkommenschaft und den Samen des Verstorbenen in alle Ewigkeit abschneidet« (zitiert nach R. Patai).

Bei den Beduinen Arabiens ist das Levirat bis heute zu finden. Selbst König Ibn Saud von Arabien (1880 – 1953) hat das Levirat geübt. Er heiratete die Witwe seines Bruders und adoptierte dessen Kinder »als eine Pflicht«.

Für die Juden war das alttestamentliche Gebot der Schwagerehe nur so lange in Geltung, wie es die Polygynie gab. Diese endete für das europäische Judentum mit der Vorschrift Rabbi Gerschoms um 1000. Er verbot jede Art der Polygynie.

Für die orientalischen Juden gibt es seit 1951 keine Leviratsehe mehr. Das vom Staat Israel erlassene Gesetz von der Gleichberechtigung der Frau erlaubt nur noch die Einehe.

Durch Jesu Begründung der Einehe als dem ursprünglichen Willen des Schöpfers gab es für die Christen nie eine Pflicht zur Schwagerehe.

Exkurs III

Der Gang zur Dirne (Prostitution)

> »Erhebe doch deine Augen zu den kahlen Höhen und halte Umschau: wo hast du dich nicht schänden lassen? An den Wegen hast du gesessen und ihnen aufgelauert wie ein Araber in der Wüste und hast das Land entweiht durch deine Buhlerei und deine Verworfenheit.« Jeremia 3,2

> »An allen Straßenecken bautest du dir deine erhöhten Götzenstätten und schändetest deine Schönheit; denn für jeden Vorübergehenden spreiztest du deine Beine und triebst es mit deiner Unzucht immer ärger.« Hesekiel 16,25

Prostituierte schweiften in alttestamentlicher Zeit harfespielend durch die Straßen (Jes 23,16).

Sie standen an Straßenecken (Spr 7,12; Hes 16,24.25).

Sie saßen an den Türschwellen ihrer Häuser (Spr 9,14).

Sie riefen die Vorübergehenden an (Spr 9,15).

Sie trugen ihren aufreizenden Putz zur Schau (Spr 7,10).

Sie waren an einem Ort, wo sich Männer scharenweise wollüstig versammelten (Jer 5,7).

Dirnen fielen auf durch ihr lärmendes, ausgelassenes und aufrührerisches Benehmen und durch ihre glatten Worte: »Honigseim träufeln ihre Lippen«, außerdem durch ihre verführerischen Blicke (Spr 2,16; 5,3; 6,24.25; 7,5.11; Jer 3,3; Sir 9,3-9; 19,2; 26,9).

Die Entstehung der Prostitution als gesellschaftliche Institution ist bis heute nicht hinreichend erklärbar. Die ersten geschichtlichen Spuren der Prostitution zeigen, daß diese im Altertum »zunächst ein religiöses Phänomen war« (P. G. Moeller). Es handelt sich um die sogenannte kultische Prostitution. In der kultischen Prostitution geben sich Frauen ganz bestimmten Männern, zum Beispiel Königen oder Priestern, oder aber auch beliebigen Männern im Bereich des Heiligtums, meist einer Mutter- oder Liebesgöttin, hin. Die später in allen semitischen Völkern geübte kultische Prostitution ist am frühesten in Babylon nachweisbar.

Der Übergang von kultischer in profane bzw. gewerbemäßige Prostitution muß, wie die alttestamentlichen Beispiele für Prostitution zeigen, sehr früh geschehen sein. In der gewerbemäßigen Prostitution gibt

»der Prostituierte – Mann oder Frau – seinen Körper gelegentlich oder ständig, öffentlich oder im geheimen im allgemeinen vielen beliebigen Personen zu deren sexuellen Befriedigung gegen materielle Entlohnung preis« (Bernsdorf).

Zum Berufsethos der Prostituierten gehört es, sich selbst nicht hinzugeben. Die Dirne ist mit ihrer Person am Geschlechtsakt nicht beteiligt, sondern stellt nur ihre Organe zur Verfügung. Eine Dirne unterscheidet zwischen Sexualakt und persönlicher Liebe. Die Dirne gewährt für eine bestimmte Bezahlung eine umrissene Leistung. Dabei verkauft die Prostituierte sich nicht selbst, »sondern stellt nur ihren Genitalapparat zur Verfügung, während sie ›selbst‹ woanders ist« (Thielicke).

1. Gewerbemäßige Prostitution

> »Sie gingen hin und kamen in das Haus einer Dirne, die hieß Rahab, und kehrten dort ein.« Josua 2,1

Die von Josua ausgesandten Kundschafter suchten in Jericho das Haus einer stadtbekannten Dirne auf. Rahab empfing nicht nur Einheimische, sondern auch Ausländer.

Als der König von Jericho die Männer im Hause der Dirne suchen ließ, versteckte Rahab diese unterm Dach. Durch Flachsstengel bedeckt, wurden sie nicht gefunden. Als Gegenleistung für die Rettung forderte Rahab bei der bevorstehenden Einnahme der Stadt die Verschonung ihres Lebens sowie das ihres Vaters und ihrer Brüder. Das Erkennungszeichen sollte der »Karmesinfadenstrick«[1] sein (Jos 2,18).

In einem Haus konnten auch mehrere Dirnen gemeinsam wohnen (Bordelle). Zum König Salomo kamen zwei Prostituierte, die zusammen ein Bett teilten. Jede von beiden hatte ein Kind zur Welt gebracht. Eines der beiden Kinder wurde von seiner Mutter im Schlaf erdrückt. Beide Dirnen stritten um das am Leben gebliebene Kind und brachten ihren Fall vor den weisen König Salomo (1. Kön 3,16-28).

Neben den in Häusern praktizierenden Dirnen gab es auch die Gelegenheitsprostitution. Dirnen warteten auf ihre Freier an öffentlichen Teichen (1. Kön 22,38), auf den Straßen (Jes 23,16) und an den Straßenecken (Hes 16,24.25).

1 So die Übersetzung Martin Bubers zu Josua 2,18. Vgl. Menge: »die purpurrote Schnur«. Torczyner übersetzt »Karmesinfaden«, Hertzberg: »die aus Fäden gedrehte rote Schnur«. Die rote Schnur ist das Kennzeichen für die künftigen Eroberer, das Haus und seine Bewohner zu verschonen. Der rote Faden erinnert an die Blutfarbe an den israelitischen Häusern, die das Zeichen der Verschonung war (2. Mose 12,13)

Tamar hielt sich wie eine allein umherziehende Dirne auf dem Weg nach dem 15 km von Bethlehem entfernten Timna auf. Juda sah in ihr eine auf einen reichen Nomaden oder Halbnomaden wartende Dirne. Er bot ihr als Bezahlung für ihre Leistung einen jungen Ziegenbock an. Tamar setzte mit dieser ihrer Handlung ihre Ehre und ihr Leben aufs Spiel.

Ein Hinweis auf die sogenannte »Notprostitution« findet sich beim Propheten Amos: »Deine Frau wird zur Hure werden in der Stadt« (Am 7,17). Bittere Armut konnte Anlaß sein, das Brot durch Prostitution zu verdienen.

Prostituierte verkaufen ihre Geschlechtsorgane. Das griechische Wort »Dirne« (porné) ist abgeleitet von dem Zeitwort »verkaufen« (griechisch: pernymi). Dies trifft für alle Dirnen zu, das heißt auch für die, die sich nur bei bestimmten Gelegenheiten oder in Zeiten der Not als Dirne anbieten.

In der Umwelt des Neuen Testaments war die Prostitution weit verbreitet. In Athen und in den griechischen Städten, die geistig mehr oder weniger von Athen abhängig waren, gab es verschiedene Gruppen von Dirnen. Die niedrigsten waren die Bordelldirnen. Sie waren zumeist Sklavinnen, über die der Wirt volle Verfügungsgewalt hatte. Eine höhere Gruppe bildeten die Freudenmädchen. Sie waren in allerlei Künsten ausgebildet: Musik, Gesang und Tanz. Höher als die Bordelldirnen und die Freudenmädchen standen die auf eigene Rechnung ihr Gewerbe treibenden Prostituierten.

Der Gang zur Dirne war für den Griechen völlig unanstößig. Nach Solon (640 – 561 v. Chr.) war der beliebige außereheliche Geschlechtsumgang etwas Natürliches, Notwendiges und Berechtigtes. Er wurde verglichen mit dem Essen und Trinken. Geschlechtliche Abstinenz hielt man damals für schädlicher als den mäßigen freien Verkehr und bezeichnete es geradezu als Hochmut, sich dem bei Gelegenheit bietenden Geschlechtsverkehr zu widersetzen.

Der voreheliche und außereheliche Verkehr war in Griechenland aber nur dem Mann erlaubt, und zwar immer nur dann, wenn er damit nicht eine andere bürgerliche Ehe verletzte. Den Frauen war jeder vor- und außereheliche Verkehr verboten.

Nach der griechischen Mythologie mußte schon zu Theseus Zeiten die Jungfrau zu Hause bleiben. Für die geschichtliche Zeit gibt es dafür viele Zeugnisse. Die verheiratete Frau wurde, wie die Frauen im Lustspiel des attischen Dichters Aristophanes (um 445 – um 385 v. Chr.) klagen, im Hause eingeschlossen. Genaues über die Regelung des Ausgangs einer Frau ist bekannt aus Syrakus. Dort durfte eine Frau, die nicht Sklavin war, nach Sonnenuntergang nicht mehr ausgehen. Sie sollte auch bei Tag ihr Heim nicht verlassen, es sei denn mit Genehmigung der Frauenaufseher, und in diesem Fall mußte sie von einer Magd begleitet werden.

Die Berichte der Evangelien zeigen, daß es auch im palästinischen Volksleben nicht an Dirnen fehlte. Zöllner und Dirnen folgten dem Bußruf des Täufers (Mt 21,32). Für den »verlorenen Sohn« war es ein leichtes, sein Vermögen mit Dirnen durchzubringen (Lk 15,30). Eine Dirne kommt in das Haus Simons des Pharisäers. Sie salbt Jesus die Füße mit Myrrhenöl, und Jesus spricht ihr die Vergebung zu (Lk 7,36-50). Jesus richtete auch an Dirnen seinen Ruf zur Umkehr.

Unter den Frauen, die Jesus nachfolgten, war Maria aus Magdala, aus der sieben Dämonen ausgefahren waren (Lk 8,2). Es ist denkbar, daß Maria, die Magdalenerin, bevor sie Jesus nachfolgte, praktizierende Dirne war. Der Beiname Magdala ist vermutlich nicht nur die Bezeichnung des Wohnortes, um diese Maria von anderen Frauen mit demselben Namen zu unterscheiden. Magdala war ein anrüchiger Name. Das am Westufer des Sees Genezareth gelegene Magdala an der Via Maris unterhalb des Berges Arbel war wegen seiner Unzucht verrufen. Magdala war ein Ort der Prostitution und wurde nach jüdischer Überlieferung wegen seiner Unzucht zerstört.

Für Paulus war Prostitution grundsätzlich unvereinbar mit der Nachfolge Jesu. Der Hurer (griechisch: pornos) hat keinen Anteil am Reich Gottes (1. Kor 6,9f; Eph 5,5). Den Leib des Christen nennt Paulus einen »Tempel des Heiligen Geistes« (1. Kor 6,19). Er sagt: Ein Christ hat kein beliebiges Verfügungsrecht über sich selbst. Die Glieder, die Christus gehören, darf ein Christ nicht der Dirne hingeben (1. Kor 6,15f). Mit der Hurerei schändet er seinen eigenen Leib (1. Kor 6,18). Die Heiligung des Leibes ist das konsequente Nein gegen jede Art von Unzucht (1. Thess 4,1-5). Paulus warnt vor dem Umgang mit der Dirne. Der geschlechtliche Umgang betrifft den ganzen Menschen. Er ist eine umfassende Wirklichkeit und kann nicht losgelöst werden von einem Geschehen, das den ganzen Menschen betrifft (1. Kor 6,16).

In der Schilderung der Ereignisse am Ende der Tage werden Hurerei und Unzuchttreiben geradezu zum Inbegriff des völligen Abfalls von Gott (Offb 17-19). Zu denen, für die »der zweite Tod« bereitet ist, gehören auch die Unzüchtigen (griechisch: pornoi; Offb 21,8; 22,15).

Trotz der grundsätzlichen Unvereinbarkeit von Christsein und Hurerei gab es in jeder Zeit in der Geschichte der Gemeinde Jesu Prostitution.

In der Alten Kirche und im Mittelalter wurde die Prostitution als »notwendiges Übel« geduldet. »Was kann schmutziger, unziemlicher, schamloser genannt werden als Prostituierte, Bordelle und jedes andere Übel dieser Art? Entfernt man aber die Prostituierten aus den menschlichen Angelegenheiten, so werden alle Dinge mit Wollust befleckt; stelle sie unter ehrenwerte Matronen, und du wirst alle Dinge mit Schimpflichkeit und Verworfenheit entwürdigen« (Augustinus). Für Thomas von Aquin gehörte die Prostitution zur Liebe »wie die Kloake zum Palast«.

Von hier aus führt die Linie bis zum Bürgertum des 19. Jahrhunderts. Was damals dem Mann erlaubt war, war zugleich der Frau verboten. Eine »rechte Bürgersfrau« war froh, wenn der Erwählte ihrer Tochter sich schon vorher die »Hörner abgestoßen« hatte, damit er dem »armen« Kind nicht so sehr schaden kann. Daß das Mädchen eben durch eine solche Haltung dem Mann geradezu ausgeliefert wurde und seelische und zum Teil auch körperliche Grausamkeiten erleiden mußte, hat die bürgerliche Moral schweigend übersehen. Die bürgerliche Moral beinhaltete eine Entwürdigung der Frau, die als Gegenreaktion die Bewegung der Emanzipation mit sich brachte.

In orientalischen, nordafrikanischen, mediterranen und südamerikanischen Kulturen sorgen bis heute die Prostituierten für den vorehelichen Koitus der Männer. Die Mädchen aus gesellschaftlich geachteten Familien dagegen werden von den Eltern und Betreuerinnen bewacht und geschützt.

Prostituierte sind mit den Koitus-Methoden vertraut. Hier liegt ein Grund dafür, warum die Männer zum Teil nach der Eheschließung den Koitus lieber mit Prostituierten fortsetzen.

Im europäischen Kulturraum wählen den Weg zur Prostituierten im wesentlichen Männer nach dem 40. Lebensjahr. Der Mann sieht seine Geschlechtslust und seine Geschlechtsfähigkeit gegenüber seiner Partnerin abnehmen, fühlt sich minderwertig und sucht die Dirne auf, die die Technik des Verkehrs besser beherrscht. Auf diese Weise sucht der Mann Selbstbestätigung und Selbstfindung.

In der gewerbemäßigen Prostitution wird weithin eine »Ventilsitte« gesehen. Sie erleichtert dem Mann den vor- und außerehelichen Geschlechtsverkehr. In Deutschland gibt es seit Ende des 13. Jahrhunderts ständische Gruppen von Prostituierten in sogenannten »Gemeinen Häusern«: in Bordellen und Badehäusern.

Daneben wurde die Prostitution angeboten durch fahrendes Volk und durch den »heimlichen Strich«. Aus dem »heimlichen Strich« entwickelte sich die Gelegenheitsprostitution in großem Ausmaß.

Zur Gelegenheitsprostitution heute wird gezählt: die Prostitution beim Autostop, in Lokalen und auf Schiffen, im D-Zug-Abteil, in Hotels und ganz allgemein bei Ferien- und Geschäftsreisen.

Notprostitution gibt es bis heute aufgrund von Armut, Frauenüberschuß und bei jeder Form der Kasernierung.

Prostitution ist Mittel zur Flucht. »In der Prostitution ist das personale Element bei der sexuellen Befriedigung soweit wie irgend möglich ausgeschaltet« (Cole).

Die Prostitution ist das extreme Beispiel dafür, in welchem Maß die bloße Triebbefriedigung nur den Geschlechtspartner in seiner instrumentalen Bedeutung sucht. »Der, der zur Prostituierten geht, sucht nur die Funktion, nicht die Person, er will Vereinigung, nicht Gemeinschaft« (Thielicke).

2. Religiöse Prostitution

> »Unter den Töchtern der Israeliten soll es keine der Unzucht geweihte Dirne (hebräisch: kedeschah) geben, und unter den Söhnen der Israeliten soll es keinen zur Unzucht bestimmten Buhler (hebräisch: kadesch) geben.« 5. Mose 23,18

Prostitution mit einer religiösen Begründung ist zuerst in Babylon nachweisbar. Hinter der sogenannten kultischen Prostitution stand der Wunsch, das Geheimnis von Zeugung und neuem Leben zu verehren. Ein frühes Motiv für die religiösen Prostituierten war: Sie wollten der Gottheit ihre Keuschheit opfern, um Fruchtbarkeit zu sichern und zu verherrlichen.

Trotz des Verbotes Gottes (5.Mose 23,18) gab es auch in Israel die »gottgeweihte Dirne« (hebräisch: kedeschah) bzw. den männlichen Prostituierten (hebräisch: kadesch). Die religiöse Prostitution war aus den kanaanäischen Kulten in das gottesdienstliche Leben Israels eingedrungen. Man unterschied in der kultischen Prostitution zwischen einmaliger und fortgesetzter leiblicher Hingabe. Die einmalige Prostitution war Landessitte in Persien, die fortgesetzte war in Syrien und Ägypten verbreitet. Die Tempelprostituierten gaben ihren Lohn der Göttin ihres Tempels.

Für den Israeliten war die Beteiligung an der kultischen Prostitution Unzucht und Götzendienst zugleich. Auf den »Höhen«, das heißt auf den Bergen, auf denen sich heidnische Heiligtümer befanden, gingen religiöse und gewerbemäßige Prostitution ineinander über. Jeremia spricht von »schänden« in den heidnischen Heiligtümern und von »Hurerei« am Wege (Jer 3,2).

Gottgeweihte Dirnen (Kedeschen) gab es bei dem Höhendienst zur Zeit Rehabeams (1.Kön 14,24). Asa weist die Kedeschen aus dem Land (1.Kön 15,12), ebenso Joschafat (1.Kön 22,47). Hundert Jahre später tritt Hosea gegen die Kedeschen auf (Hos 4,14). Joschija vertreibt die Kedeschen aus dem Jerusalemer Tempel (2.Kön 23,7).

Die kultische Prostitution wurde in Griechenland zur Zeit der ersten christlichen Gemeinden praktiziert. Bekannt und beliebt war in Korinth der Tempel der Aphrodite mit seinen tausend geweihten Dirnen (griechisch: Hierodulen).

In den Sendschreiben an die sieben Gemeinden in Kleinasien wendet sich Johannes gegen Gruppierungen, die den Genuß von kultisch geweihtem Fleisch und freie Geschlechtsbetätigung propagieren. Es sind die Gruppen der sogenannten libertinistischen Gnostiker, die sexuelle Freizügigkeit nicht nur erlaubten, sondern »sich solcher Freiheit als besonderen Kraftbeweis christlicher Überlegenheit rühmten« (Hauck/Schulz).

Die Gemeinden in Kleinasien hatten sich ihrer Umwelt angepaßt. Zur Zeit der Abfassung der Offenbarung des Johannes hießen die, die den freien Geschlechtsumgang übten, die Nikolaiten und die Anhänger der Lehre Bileams (Offb 2,14.15), außerdem die Nachfolger Isebels (Offb 2,20).

Das Besondere einiger libertinistischen gnostischen Gruppen war es, daß sie den Sexualverkehr mit beliebigen Partnern mit ihrem religiösen Gedankengut in Verbindung brachten. In solchen Fällen handelte es sich um eine Art Fortsetzung der religiös begründeten Prostitution.

Bischof Epiphanius von Salamis auf Zypern (4. Jh. n. Chr.) beschreibt drei gnostische Gruppen, die es verbieten, bei der Vereinigung miteinander Kinder zu zeugen. Sie üben, so führt Epiphanius aus, ihre verderblichen Bräuche allein um ihrer Lust willen. Ihre Sexualpraktiken mit beliebigen Partnern benennen sie mit 365 Namen, die sie für ihre Gottheiten erdichtet haben. Während des Koitus sprechen sie Zaubernamen eines von ihnen erdichteten Wesens aus. Einfache Frauen täuschen sie, indem sie sprechen: »Vermische dich mit mir, damit ich dich hinauftrage zum Archon.«

Entsprechend ähnliche Praktiken gibt es nicht nur in der fernen Vergangenheit. Strömungen, die Gedankengut der Gnosis aufnehmen, sind nicht frei von der Gefahr, auch die religiös begründeten Sexualpraktiken mancher gnostischen Strömungen wiederzubeleben. Religiös begründete Prostitution, Hurerei mit religiöser Verbrämung, ist nicht selten die Folge von unnüchterner Übergeistlichkeit. »Immer geht das Übergeistliche ins Fleischliche« (Bezzel).

Ausgewählte und zu empfehlende Literatur

Baltensweiler, H., Die Ehe im Neuen Testament, AThANT 52, Zürich/Stuttgart, 1967

Bayer, O. (Hg.), Ehe. Zeit zur Antwort

Mit Beiträgen von O. Bayer, U. Eibach, G. Hennig, H. G. Pöhlmann und M. Seitz, Neukirchen, 1988

Bonhoeffer, D., Traupredigt aus der Zelle. Mai 1943, in: Widerstand und Ergebung, München, 1962, S. 39 – 48

Bovet, Th., Die Ehe: Das Geheimnis ist groß. Tübingen, 1961

Bräumer, Hj., Lieben wagen, Neuhausen-Stuttgart, 1986

Hattenhauer, H. und Langenbach, H. G., Heiraten in Gottes Namen Über christliche Ehe und weltliches Recht. Wuppertal/Zürich, 1988

Luther, M., Ehe-Gabe, eine Hochzeitspredigt. Hg. von O. Bayer, Fürth, 1984

Patai, R., Sitte und Sippe in Bibel und Orient, Frankfurt, 1962

Schrage, W., Ethik des Neuen Testamentes, Berlin, 1985

Thurian, M., Ehe und Ehelosigkeit, Gehlnhausen/Berlin-Dahlem

Wilkens, E. (Hg.), Ehe und Ehescheidung. Ein Symposion mit E. Wilkens, H. Dombois, J. Fischer, G. Koch, W. Lohff und K. Wüstenberg, Hamburg, 1963